AF312311

LA JOURNÉE

AUX ÉVÉNEMENS,

Pantomime dialoguée en 3 parties.

1re PARTIE. **LE JEUNE HOMME A MARIER.**

2e PARTIE. **LES CRÉANCIERS.**

3e PARTIE. **LA FAUSSE VIEILLE.**

Paroles de Mr M. de R***, musique arrangée par
M. VAUDERLAND, Ballet de M. GODET, Mise en Scène
de M. AUGUSTE.

REPRÉSENTÉE POUR LA PREMIÈRE FOIS,

SUR LE THÉATRE DU LUXEMBOURG,

Le Vendredi 13 Mars 1829.

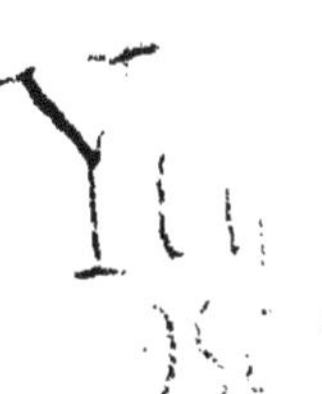

PARIS,

CHEZ STAHL, IMPRIMEUR-LIBRAIRE, quai des Augustins, n° 9.

PERSONNAGES.ACTEURS.

SIDONIE DE MONVAL, veuve du baron de Soligny (24 ans) — Mlle ADÈLE.

OLIVIER, petit-fils du baron de Soligny (17 ans) — M. FRANCIS.

Le chevalier DE ROSEVAL (30 ans). — M. CLAIRVILLE aîné.

LÉONARD, usurier (60 ans). — M. FERDINAND.

ZÉPHIR, coiffeur. — M. THÉODORE.

CANARDINI, bijoutier, — M. HENRY.

FRIVOLE, tailleur, — M. ADOLPHE

VIS-A-VIS, sellier, — M. EMILE.

THOMASSEAU, bottier, — M. LOUIS.

ROGER, chapelier, — M. ALPHONSE.

} Créanciers du Chevalier.

GERTRUDE, femme de confiance de la baronne. — Mlle VICTORINE.

JULIE, femme de chambre de la baronne. — Mme AUGUSTE.

LORANGE, valet de la baronne. — M. ALEXIS.

Jeunes Villageois. { M. Jules MOREAU. Mlle CAROLINE. Mlle Désirée LEBRUN.

Valets et femmes de chambre de la baronne.

La Scène se passe à Paris et dans le château de la baronne de Soligny.

LE JEUNE HOMME A MARIER.

Le Théâtre représente une salle d'hôtel garni. A droite la chambre de Roseval, à gauche l'appartement de la baronne de Soligny. Des fauteuils, un porte-manteau, garnissent le Théâtre.

SCÈNE 1re.

LÉONARD, *entrant par le fond.*

Il s'avance avec précaution et regarde à la porte de Roseval.

Il n'est pas encore sorti ! A merveille. Je pourrai le voir, lui parler, lui signifier mes intentions, le prévenir, en un mot, que ma bonté se lasse, que mon huissier va venir, et qu'un créancier qu'on néglige ne manque pas son débiteur.

Air : *Je suis le maître de choisir.*

Qu'ils sont polis, ces jeunes gens,
Dont nous sommes la providence ;
Plus nous nous montrons obligeans,
Plus ils ont de reconnaissance ;
Mais oubliant notre assistance,
Si nous cessons de les fournir,
Près d'eux pouvons-nous parvenir ?
Des marchands, ces faits sont notoires,
Ils sauraient mieux se souvenir,
Si nous avions (*bis*) moins de mémoires.

Dix heures vont sonner, et, quand je devrais troubler son repos, faisons lui nos propositions : il est jeune : il a du physique..... (*Il frappe chez Roseval.*) Frappons, il m'est permis de le réveiller puisqu'il m'empêche de dormir.

SCÈNE II.

ROSEVAL, LÉONARD.

ROSEVAL (*en robe de chambre*).

Eh ! qui donc si matin? (*A part.*) C'est mon coquin de juif! (*Haut.*) Comment, c'est ce bon Léonard ; enchanté de son aimable souvenir. (*A part.*) Que le diable l'emporte. (*Haut.*) Estimable capitaliste, il a deviné mes besoins, et, je le parirais, il m'apporte de l'argent.

LÉONARD.

Au contraire, et j'en demande, M. le chevalier. Depuis long-temps, je n'avais eu l'honneur de vous présenter mes hommages, et l'intérêt que je vous porte ...

ROSEVAL.

Dis plutôt que tu m'as pris. Voilà bien les créanciers !
doux langage et cœur perfide! C'est la patte de l'agneau armée
des griffes du tigre. Voyons, n'es-tu pas satisfait de la position
où m'ont réduit, toi et tes indignes confrères? véritables sang-
sues qui, gorgés de nos dépouilles, se plaisent encore à cou-
ronner notre infortune, en offrant chaque jour à nos regards
leur odieuse personne; promènent, dans un char doré, leur
bassesse et leur cupidité, en éclaboussant leurs débiteurs, et
se moquent de nos folies qui leur ont servi de marche - pied
pour s'élever à la fortune; établissent leurs filles ou leurs
nièces, en donnant dans une balance, l'or qu'ils nous ont ravi,
pour contre-poids, au mépris qu'ils inspirent; font métier de
bienfaisance et trafic de philantropie, pour être cités dans
les journaux, tandis que, sous un nom emprunté, ils ven-
dent les meubles du pauvre! Grâce à toi, grâce à tes res-
pectables imitateurs, que me reste-t-il? Rien. Pour billets-doux,
j'ai des assignations, pour correspondans, des huissiers; pour
visiteurs, des créanciers; pour rendez-vous, des audiences;
pour fortune une bourse vide, et l'on vient d'un air pate-
lin.... Ah! ne croyez pas que, victime bénévole de vos lâ-
ches manœuvres, je vous laisse les exécuter; je puis me venger, vous punir, honnêtes juifs, arabes patentés, dévaliseurs
des fils de famille; mon corps est maintenant la seule hypo-
thèque de vos créances, le gage unique de vos prêts usuraires.
Eh bien, on vous en privera, fournisseurs brevetés des gardes
du Commerce. J'irai dans les cafés, dans les promenades,
dans les spectacles : je suis mauvaise tête, vous en savez quelque chose, j'y ferai grand bruit, on voudra m'imposer silence,
je parlerai plus haut que les interrupteurs; les menaces suivront les paroles, les effets ne se feront pas attendre;
provoquant ou provoqué, chaque soir verra naître une que-
relle, et chaque matin un combat : vainqueur un jour, je
succomberai l'autre, et je bénirai ma défaite, puisque ma
mort vous fera enrager.

LÉONARD, à part.

Il est homme à le faire, et nous perdrions tout. (*Haut.*) Ce
cher monsieur de Roseval, je le reconnais bien : toujours de
la gaîté, toujours aimant à rire.

ROSEVAL.

Oui, lorsque tu m'ouvrais ta caisse..... Mais à présent !
ai-je sujet d'être gai? Ton huissier m'écrivait hier, que la
sentence obtenue contre moi allait être exécutée !

LÉONARD.

Ne faut-il pas se mettre en règle? Au surplus rassurez-vous,
on est fort bien rue de la Clef.

5

ROSEVAL.

Misérable ! Il ose convenir de ses projets.

LÉONARD.

Sainte-Pélagie est-un charmant séjour, et vous m'en direz
des nouvelles.

ROSEVAL.

En te rompant les os, quand j'en serai sorti.

LÉONARD.

On y voit fort bonne compagnie.

ROSEVAL.

Tu n'y vas donc jamais.

LÉONARD.

Air du château de mon oncle.

Artistes, nobles, savans,
De ces lieux sont habitans,
  Des petits et des grands ,
L'argent seul marque les rangs,
On y voit maint prisonnier,
Riant de son créancier ,
  Sans payer de loyer ,
Loger gaîment au premier.
    De peur qu'on ne sorte
    On ferme la porte,
  Mais craint-on les filoux
Quand on est sous les verroux ?
    Si la bourse est ronde ,
    Chacun peut du monde
    Sans en faire le tour
Boire les vins tour-à-tour.
    On jouit d'un long sommeil ,
On ne fait rien au réveil,
    Et jamais le soleil
N'y brunit un teint vermeil.
L'argent ne manque-t-il pas?
    On fait ses quatre repas
    Et l'on prend ses ébats,
  Si Vénus fait un faux pas.
  C'est toujours nouveau visage ,
L'un sort et l'autre emménage :
    Bon voyage! bon courage!
    Seront vos discours.
Une table succulente
Une bouteille ennivrante,
  Une brunette piquante,
    Feront vos amours.
  Dehors on fait ce qu'on peut :
  Dedans, on fait ce qu'on veut :
  Dehors, tel qui n'a rien,
  Dedans, sans biens vit fort bien.
  On boit, c'est pour sa santé ,
  On rit, c'est pour sa gaîté ,
    Il faut être arrêté
  Pour avoir sa liberté.

ROSEVAL.

Que je te doive la connaissance de cette maison , et tes épaules sauront comment je remercie.

LÉONARD.

Dans cinq ans, **M.** le chevalier , et d'ici là , ... j'ai mes projets.... Quelque événement favorable ne peut-il changer votre position ? un testament, un mariage par exemple.

ROSEVAL.

Un mariage ? et pour moi ? Trompé par les usuriers, je craindrais que ma femme.....

LÉONARD.

Seriez-vous le premier ?

ROSEVAL.

Non , non , je ne suis pas philosophe ; et , d'ailleurs , crois-tu donc que j'ai banni de mon cœur celle qui l'occupa tout entier, et dont tant de fois je t'ai entretenu ? Elle était si jolie cette Sidonie de Monval, qui me fit connaître la tendresse ! je lui aurais sacrifié mon état, mes espérances , ma fortune, mais elle !... Ma famille, fière de son opulence, me la refusa pour épouse, il est vrai. Mon frère, le comte de Roseval , chef du complot formé contre mon bonheur , eut la perfide adresse de nous séparer pour jamais, j'en fais l'aveu : mais était-ce un motif, six mois après notre dernière entrevue, pour devenir l'épouse d'un autre ? Ne pouvait - elle attendre ? Ingrate Sidonie ! tu m'avais tant promis ! Ne voulant plus m'occuper d'elle , je croyais la chose possible ; je ne cherchai même point à savoir le nom de son époux ; je me jettai dans le tourbillon du monde, j'étais sage , rangé, je devins dissipateur et libertin , et, tandis que mon frère, cause première de mon infortune, allait aux Indes augmenter ses richesses, j'anéantis complétement les miennes, en me livrant sans défense , à toi d'abord vieux coquin, et à ceux qui te ressemblent. Eh bien ! les plaisirs d'autrefois, les peines d'aujourd'hui, n'ont pu effacer de mon souvenir l'image adorée de Sidonie , je la déteste , et je l'idolâtre ! et quand, certain par mon expérience de la légèreté des femmes, j'ai juré de les aimer toutes, pour en oublier une , on me parle d'unir mon sort à celui d'un de ces êtres, charmans j'en conviens, qui tiennent entre leurs mains notre malheur ou notre félicité , et pourquoi, s'il-vous-plaît ? pour combler , débiteur complaisant, le déficit des caisses de mes Vampires. Prendre une femme ! moi ! ce serait me donner un maître , et je ne veux point obéir : je serais en but à ses exigeances, je deviendrais l'esclave de ses caprices, et je finirais par avoir.... Jamais. Tiens, la prison dont tu me menaces est préférable aux chaînes dont tu me parles, et à moins d'être sur qu'en devenant mari, je puis me venger de mon frère, homme à principes, à ce qu'il dit, je resterai garçon. Mon célibat n'éteindra pas la race des mauvais sujets, et je finirai ma carrière en maudissant tout haut l'amour et Sidonie, mais en jurant tout bas de les aimer toujours.

LÉONARD.

Je vous répète que mes intérêts exigent....

ROSEVAL.

Moi, je te dis que tes discours m'assomment! lance contre moi huissiers et records, cela t'est permis, je suis ton débiteur, mais ne fatigue plus mon oreille de tes conseils hors de saison. Ouvre pour moi les portes d'une prison, (*à part.*) je l'éviterai par ma fuite, (*haut.*) mais ne passe plus celle de ma chambre, ici je puis commander encore, et je te quitte pour éviter ta présence et tes discours. (*Il rentre.*)

SCÈNE III.

LÉONARD, *seul.*

Ils sont beaux ses remercîmens! intéressez-vous donc à la jeunesse! épuisez donc pour elle vos coffres-forts! saignez-vous pour la faire briller!.... Ingrat, tu ne peux acquitter tes dettes, et tu refuses un moyen de te libérer, dans la crainte de..... Tu ferais comme les autres : on s'accoutume à tout. Ah! tu as beau dire non, je te marierai, mon petit enfant prodigue, si quelque riche folle veut de toi ; et si rien ne me force à te montrer l'exemple.

Air : *Une fille est un oiseau.*

Pour conserver ma raison ,
Et la paix à domicile ,
Enfin, pour vivre tranquille ,
Je suis demeuré garçon !
Car , soit dit sans épigramme ,
La vie est un mélodrame
Où le tyran est la femme ,
Dont nous souffrons les affronts ;
Le héros, l'amant qu'elle aime ,
Le niais, l'époux lui-même ,
Et les victimes, nos fronts.

Oui, le marier vaut mieux que le mettre en prison, d'ailleurs le mariage est toujours une prise de corps, et je veux que, dans huit jours, il existe une dame Roseval.

SCÈNE IV.

LÉONARD, OLIVIER.

OLIVIER , *qui a entendu les derniers mots.*

Une dame de Roseval! Et dans huit jours! En êtes-vous certain, brave homme.

8

LÉONARD, *à part.*

Brave homme ! Il ne me connaît pas. (*Haut.*) Si j'en suis certain, intéressant et jeune étranger? sans doute, il faut une femme à M. de Roseval.

OLIVIER.

Et un mari à ma grand'maman, voilà deux mois que je le dis.

LÉONARD.

A votre grand'maman, monsieur? Qui donc ai-je l'honneur de saluer.

OLIVIER.

Parler de mariage, de ma gran'dmère, et de M. de Roseval, c'est vous apprendre que je suis Olivier de Soligny.

LÉONARD, *à part.*

Que veut-il dire? (*Haut.*) C'est cela; je cherchais le nom, Olivier de Soligny, jeune homme de la plus belle espérance.

OLIVIER.

Mille remercîmens. Dix-sept ans, quelqu'instruction, un peu d'esprit, voilà tout : mais le monde est indulgent.

LÉONARD, *à part.*

Quel rapport existe-t-il entre lui et le chevalier de Roseval.

OLIVIER.

Satisfaites promptement ma curiosité, je vous prie. M. de Roseval est-il aimable, gai, bien fait, spirituel, bon vivant ; enfin, réunit-il, à un degré supérieur, toutes les qualités que peut désirer en lui un petit-fils dont il deviendra le mentor?

LÉONARD, *à part,*

Joli mentor, ma foi, pour le conduire à l'hôpital. (*Haut.*) Mais, monsieur, pour vous répondre convenablement....

OLIVIER.

Il faudrait me connaître mieux, n'est-il pas vrai? Vous voilà comme mon maître d'études; bon homme au fond, mais bizarre, ridicule; vous lui ressemblez.... pour la discrétion : Prudence et réserve était sa devise favorite, mais comme je ne suis plus au collége, et que votre physionomie porte l'empreinte de la franchise, je suis certain que, pour m'obliger, vous ne me cacherez rien sur ce monsieur de Roseval, que je brûle de voir, et dont je veux suivre les bons exemples.

LÉONARD, *à part.*

Les bons exemples ! Pauvre jeune homme ! il est perdu.

OLIVIER.

J'ai des dispositions, chacun le dit, Roseval les cultivera.

Air : *C'est un petit satellite.*

A-t-il de la force aux quilles?
De l'adresse au bilboquet?
Aime-t-il toutes les filles?
Brille-t-il dans un banquet?
Au sein d'une double ivresse
Peut-on le voir, chaque jour,

S'endormir chez la Sagesse
Et s'éveiller chez l'Amour ?

LÉONARD.

Si vous ne voulez que cela, vous aurez lieu d'être content.

OLIVIER.

Je ne vous demande pas s'il aura pour sa femme des soins, des égards, de la tendresse, cela va sans dire, d'ailleurs je serai là, et puis elle est si aimable, qu'à peine il la connaîtra....

LÉONARD.

Il ne l'a pas encore vue?

OLIVIER.

Vous le savez bien.

LÉONARD.

C'est juste, j'oubliais.

OLIVIER.

Et quand il ne l'aimerait pas pour elle-même, l'immense fortune dont elle va le faire jouir.

LÉONARD.

Plaît=il. .

OLIVIER.

Quatre millions, pas davantage.

LÉONARD, à part.

Bonté divine! rêvai-je ce que j'entends ? Quatre millions ! (Haut.) S'il aimera votre bonne maman, M. Olivier, et vous le demandez? et vous lui faites cette injure ? Quatre millions ! C'est une femme adorable.

OLIVIER.

Femme adorable ! Voilà comment l'appelle M. Leroc, l'homme d'affaires de M. de Roseval, que nous ne connaissons pas davantage, mais dont, à vos discours, je soupçonne que vous êtes l'ami .

LÉONARD,

Intime. (à part.) J'ignore ce dont il s'agit, mais profitons de ce bavardage et continuons à mentir.

OLIVIER.

C'est aux Indes que le comte de Roseval a connu le parent et le bienfaiteur de ma grand'maman.

LÉONARD, à part.

Aux Indes, et le comte de Roseval : il s'agit du frère aîné.

OLIVIER.

En mourant il a songé au bonheur de sa cousine.

LÉONARD.

La belle âme ! j'en pleure d'attendrissement ! Elle obtiendra ce bonheur qu'il lui souhaite; car avec quatre millions. .

OLIVIER.

Le bonheur ne s'achète pas.

LÉONARD.

Erreur. J'ai de l'expérience.

Air : *Quand j'avais l'âge de mon fils.*

Lorsqu'à mon âge on est venu,
Le bonheur n'est pas inconnu.

OLIVIER.

Le guerrier le met dans la gloire,
Le buveur dans un rouge bord.

LÉONARD.

Je le trouve auprès de mon or.

OLIVIER.

Vous avez tort, vous avez tort.
Du vrai bonheur connaissez mieux l'histoire,
Sans amour nul ne l'atteindra ;
Amoureux on l'appercevra,
Et fidèle on l'attrapera.

LÉONARD, *à part.*

A moins de pouvoir me venger de mon frère, en me mariant, je resterai garçon, disait notre étourdi : l'occasion est belle, quatre millions !

OLIVIER.

Eh bien ! monsieur, à quoi donc pensez-vous, s'il vous plaît ? attendez-vous que ma grand'mère soit éloignée pour lui présenter son futur ?

LÉONARD.

Cette respectable dame habiterait ici ?

OLIVIER, *montrant l'appartement de gauche.*

Dans cet appartement ?

LÉONARD.

Il se pourrait. *(A part.)* Endoctrinons M. de Roseval.

OLIVIER.

Et d'un moment à l'autre, nous pouvons partir pour la campagne, terre superbe, portion de l'héritage, à trois lieues de Paris ; parc immense, venez le voir, je vous ferai chasser.

LEONARD, *à part.*

Une terre, des capitaux, une douairière, c'est un coup du ciel. *(Haut.)* M. de Roseval plaira, j'en suis certain. *(A part.)* Aigrissons le chevalier contre son frère, et faisons lui prendre sa place.

OLIVIER.

Le temps presse, songez-y.

LÉONARD.

Dans un instant je serai de retour. Enchanté, M. Olivier, d'avoir eu l'honneur de faire votre connaissance, et si jamais vous avez besoin de moi... *(à part)* comme je saurais l'exploiter à mon profit ! *(haut)* ne vous dérangez pas. *(A part)* Ah ! Léonard, quelle journée ! Que Roseval épouse, et tu seras payé.

(Il entre chez M. de Roseval.)

SCENE V.

OLIVIER.

Il est singuliér, le cher homme. Que m'importe? Est-ce lui qu'épouse ma grand'mère? Mais c'est qu'en vérité sa tournure est si ridicule......Olivier, Olivier, cessez donc de médire; c'est mal, mon ami, parole d'honneur. Parbleu, je le sais bien; mais il est si bon d'être méchant.

Air : *Voyez nos camps.*

D'activité, véritable merveille,
Je vais, je viens, on me trouve en tous lieux,
A la raison si je ferme l'oreille,
Sur les défauts j'ouvre toujours les yeux.
N'est-ce pas moi qui, chez la pâtissière,
Vit un gourmand entamer un gâteau;
Le chapelier entrer chez l'épicière,
Afin d'offrir à l'époux un chapeau?
Plus d'une fois j'ai vu la teinturière
Prendre le bras du marchand de couleurs;
Le serrurier, chez une épinglière,
Faire une pointe et s'ouvrir tous les cœurs.
Chez le luthier, j'ai dit que l'harmonie
Fuyait toujours quand le cor survenait;
Que la lampiste allumait le génie
D'un écrivain que sa vogue étonnait;
Que tel qui sort de chez une modiste
Se donne un air de bonheur éperdu,
Et qu'on le voit entrer chez la fumiste
Pour regretter tout ce qu'il a perdu.
Riant, content, je passe ma journée,
Dans mes plaisirs je suis original,
Et qui m'entend toute une matinée
Peut se passer de lire le journal.

Ce caractère d'indiscrétion et de curiosité pourrait deplaire cependant à M. de Roseval, et tout bien réflechi, je veux faire divorce avec la méchanceté.

SCENE VI.

OLIVIER, LA BARONNE DE SOLIGNY.

LA BARONNE.

A merveille, Olivier, et je vous félicite de cette résolution.

OLIVIER.

Quoi, bonne amie, vous m'avez entendu?

LA BARONNE.

En seriez-vous fâché?

OLIVIER.

Non, si cela vous fait plaisir. Je vous dois tant de reconnaissance! En épousant mon grand-papa, vous avez remplacé les enfans qui lui devaient le jour, et ceux qui me l'avaient donné: quand vous sortez, vous acceptez mon bras, et cela me rend fier. Une femme, lorsqu'elle est jolie, fait toujours remarquer son cavalier, et vos bontés me donnent de l'importance. Ah ça, voyons, à mon air satisfait, ne devinez-vous pas que je suis porteur d'une bonne nouvelle? M. de Roseval est un homme charmant.

LA BARONNE.

O ciel! l'auriez-vous rencontré?

OLIVIER.

Point du tout, je vous jure. Mais un ami de M. Leroc était là, tout à l'heure, et l'éloge qu'il en faisait...

LA BARONNE.

Air de la Vieille.

Sur l'éloge de qui nous aime
On ne doit jamais se régler,
Aussi bien que l'amour lui-même
L'amitié peut nous aveugler.

OLIVIER.

Quoi, vraiment, comme l'amour même
L'amitié peut nous aveugler?

LA BARONNE.

Oui l'amitié peut aveugler.
Ce Roseval, c'est mon bien qu'il adore,
Moi je le hais, sans le connaître encore.

OLIVIER.

Vous le haïr? lorsque chacun l'honore.

LA BARONNE.

A ses vertus je ne puis croire encore,
Car la raison me répète tout bas:
Sur les discours ne jugeons pas.

Si l'on savait à quel point le nom de Roseval m'est odieux, on éviterait de le prononcer devant moi.

OLIVIER.

Vous avez donc connu quelqu'un qui le portait?

LA BARONNE.

Pour mon malheur et pour le sien peut-être. Olivier, avant que votre grand-père daigna m'élever jusqu'à lui, je rencontrai dans le monde le brillant chevalier de Roseval: Jeune, sans expérience, il se rendit maître de mon cœur; ses yeux m'apprirent son secret, les miens lui répondirent, et bientôt mes parens approuvant sa recherche, il sollicita le consentement des siens; mais sa famille, le comte, son frère aîné...

OLIVIER.

L'époux qu'on vous propose?

LA BARONNE.

Je lui étais inconnue, et cependant il se déclara mon plus mortel ennemi: ma pauvreté effraya son orgueil; mon hymen fut rompu, et bientôt des nœuds indissolubles élevèrent entre le chevalier et moi une barrière insurmontable. Le baron de Soligny, en m'accordant le titre d'épouse, n'ignorait pas l'état de mon cœur, et les bontés de cet homme respectable, me firent trouver légères les chaînes que l'on m'avait données. Sa mort précéda celle de mon cousin établi dans les Indes, et dont je suis l'unique légataire. Le comte de Roseval, le même, dont la résistance aux desirs de son frère, exerça sur mes jours une si funeste influence, y connut mon parent, et le vœu exprimé dans son testament, de me voir porter le nom de Roseval, ne peut regarder le chevalier dont l'inconduite, depuis mon hymenée......

OLIVIER.

Je le détesterais s'il a pu vous oublier.

LA BARONNE.

Et son frère obtiendrait le titre de mon époux ! Cet homme cruel qui me refusa pour sa sœur, alors que la fortune m'avait abandonnée, deviendrait, lorsque je suis riche, l'arbitre de mes destinées ? Jamais.. je le verrai, ce comte de Roseval.

OLIVIER.

Vous ferez bien. Il faut se voir pour s'entendre, et peut-être qu'une entrevue....

LA BARONNE.

J'ai écrit à M. Leroc, il viendra chez moi, et je veux prouver au comte, par mes sentimens, que Sidonie de Monval n'était pas indigne de son alliance. Vous voyez, Olivier, que, malgré votre jeunesse, je n'hésite point à vous ouvrir mon cœur, et j'aime à croire que ma confiance ne sera pas trahie.

OLIVIER.

Moi qui me faisais une fête d'assister à votre mariage.... C'est bien désagréable ; toutefois j'espère encore, car, à moins de graves motifs contre lui, le chevalier de Roseval, s'il connaissait le testament qui ne désigne pas quel frère vous devez épouser, pourrait se mettre sur les rangs.

LA BARONNE.

Le chevalier ? un perfide ! un traître qui m'oublia ! et vous parlez pour lui, et vous désirez mon bonheur !

OLIVIER.

J'ignore quelle faute il commit.

LA BARONNE

Quelle faute ? la plus grande aux yeux d'une femme.

Même air.

De l'amour empruntant les ailes ,
Oubliant ses premiers sermens,
On l'a vu, chez toutes les belles,
Promener ses vœux inconstans.

OLIVIER.

On l'a vu , chez toutes les belles ,
Oublier ses premiers sermens.

LA BARONNE.

Il a trahi tous ses sermens.
Mille beautés recevaient son hommage,
Quand loin de lui, chaque jour davantage,
Je regrettais l'ami de mon jeune âge,
Mais de mon cœur j'ai banni le volage.

OLIVIER.

Chut... écoutez: la raison dit tout bas,
« Sur les discours ne jugeons pas ».

Ainsi vous consentez à recevoir le comte de Roseval? J'en suis charmé, car alors vous ne me gronderez pas, si j'ai, sans votre aveu, engagé l'ami de M. Leroc à vous le présenter; dans un instant, peut-être, ils vont venir.

LA BARONNE.

Grands dieux ! et vous avez, sans que j'en sois prévenue. Quelle imprudence ! Ici ! Je vais donner des ordres.

OLIVIER.

Il n'est plus temps, car l'ami nous arrive. Admirez sa tournure ; si les hommes de l'autre siècle ressemblaient tous à celui-ci, on a bien tort de regretter le passé.

SCÈNE VII.

OLIVIER, LA BARONNE, LÉONARD.

LÉONARD, *sortant de chez Roseval.*

Il ne veut rien entendre , mais mon huissier le décidera.

OLIVIER.

Eh bien, le verrons-nous, ce monsieur de Roseval ?

LÉONARD.

C'est un fou !

LA BARONNE.

M. de Roseval?

LÉONARD, *a part.*

Une dame et mon espiègle : donnons-leur le change. *(Haut.)* C'est un fou, que je viens de voir, qui m'a empêché, M. Olivier, de le présenter à votre grand'maman.

LA BARONNE, *lui présentant une lettre.*

Ami de M. Leroc, vous pourrez lui remettre cette lettre de la baronne de Soligny.

LÉONARD, *prenant le billet.*

Avec plaisir. (*à part.*) C'est probablement une parente.

LA BARONNE.

Elle engage le comte de Roseval, et sa famille, à venir ainsi que M. Leroc, la trouver à la campagne.

OLIVIER.

Et si monsieur veut nous faire cet honneur. *(A part.)* Nous rirons à ses dépens.

LÉONARD , *saluant.*

Sensible à votre politesse. *(à part.)* Oui certes on m'y verra.

LA BARONNE.

C'est là qu'on apprendra ce que doit et ce que veut faire madame de Soligny.

LÉONARD, *à part.*

Rassemblons ses créanciers , et revenons en force le contraindre à capituler.

Air de Monsieur Sans-Gêne.

Pour oublier le volage
Vous faites un vain effort.

LÉONARD, *à part.*

Je toucherai mon or
En concluant ce mariage.

LA BARONNE.

Mon cœur n'a rien qui l'engage.

LÉONARD.

A l'instant d'entrer au port
Ne faisons pas naufrage.

OLIVIER , *à part.*

Il plait encor.

LA BARONNE.

Pour vivre en paix.
N'aimons jamais.

LÉONARD, *à part.*

Prenons bien nos mesures.

LA BARONNE.

Mais suffit-il d'un jour
Pour guérir blessures
D'amour?

ENSEMBLE.

LA BARONNE.	LÉONARD *montrant son portefeuille.*
Heureuse quand j'aimais ;	Capitaux, intérêts
Pourrai-je désormais	Je puis vous perdre , mais
D'amour braver les traits,	Rentrez, là je vous mets
Et l'oublier jamais ?	Pour n'en sortir jamais.

(*Léonard sort*).

LA BARONNE.

Oui, j'y suis déterminée. Cette explication est nécessaire à ma tranquilité : elle aura lieu. Olivier, j'aurais voulu retarder encore l'instant où je recevrai le comte de Roseval, mais votre étourderie a rendu toute remise impossible, et, dans l'instant, je retourne à la campagne, pour me préparer à sa visite. *(A Julie qui entre.)* Ma voiture est prête ? bien ; je vais chez mon notaire. Olivier, me donnez-vous le bras?

OLIVIER, *à part.*

Julie, depuis deux jours, me promet un baiser, et je pouvais me faire payer. (*Haut*). Mais si vous permettez.....?

LA BARONNE.

Liberté toute entière. Julie vous m'attendrez et j'espère qu'Olivier, ne me fera jamais repentir de mes bontés pour lui.

(*Olivier lui baise la main. La baronne sort.*)

OLIVIER, *poursuivant Julie.*

Julie! Julie! la baronne est partie, et tu ne peux me refuser... Allons encore de la pruderie! sois donc bonne fille, ou je vais assiéger ta vertu dans toutes les règles : gare à toi, je n'ai peur de rien.

AIR : *Miriagramme Panthéon.*

Du plaisir suivant l'étendard ,
Mon grand-père eut soin de m'apprendre
Que la femme est comme un rempart,
Il faut l'attaquer pour la prendre.
Voulant servir l'état un jour,
Et n'avoir pas un air novice,
Auprès de toi je fais l'amour
Pour connaître le service.

On vient, dérobons-nous aux regards des curieux.

(*Il se cache avec Julie derrière le porte-manteau.*)

SCÈNE VIII.

ROSEVAL *(Un paquet dans un mouchoir)*. OLIVIER ET JULIE.

ROSEVAL, *regardant s'il est seul.*

Tout me paraît tranquille, et je puis m'éloigner sans danger.

OLIVIER, *à part.*

Où veut-il donc aller ?

ROSEVAL

Les millions que le juif voulait me faire épouser, m'auraient fort convenu, mais imiter la coupable Sidonie !

OLIVIER.

C'est le nom de ma grand'mère.

ROSEVAL.

Et mon frère, le comte de Roseval, que dirait-il si je lui soufflais sa femme?

OLIVIER.

Le comte de Roseval ?

ROSEVAL.

Ce tour serait bien digne de moi cependant, mais il faudrait tromper tant de monde. Allons, Roseval, du caractère, de la délicatesse, ne prends pas la fortune de la baronne de Soligny, et fuis tes créanciers, la canne à la main, en robe de chambre, faute d'habit, comme un malade qui essaie ses forces.

OLIVIER.

Ah! mon Dieu! C'est le chevalier de Roseval. Julie, je te conterai son histoire, mais, silence! et redoublons d'attention.

ROSEVAL.

Gagnons promptement l'escalier.

ROSEVAL *va pour sortir, Léonard et les autres créanciers lui barrent le passage.*

SCÈNE IX.

LES PRÉCÉDENS, LÉONARD, FRIVOLE, CANARDINI, THO MASSEAU, VIS-A-VIS, ZÉPHIR, ROGER.

(Tous portent des paquets).

LÉONARD.

Alte-là, s'il-vous-plaît.

ROSEVAL.

Il n'est plus temps.

LÉONARD.

De fuir? Vous l'avez dit : on ne trompe pas notre vigilance. Zéphir, votre coiffeur, tailleur, bijoutier, bottier, nous voilà réunis; oui, monsieur, collection complète, rien n'y manque.

OLIVIER, *à part.*

Ah! l'ami me trompait : c'était un créancier.

ROSEVAL.

Enchanté de vous voir, messieurs, en vérité. Ce cher Canardini, cet honnête bijoutier, toujours un air de fraîcheur, de jeunesse et de santé! Quant à moi? mal, très-mal, les fonds sont en baisse.

LÉONARD.

Eh! qui vous en demande, M. le chevalier? Faut-il vous vous en donner? parlez, nous sommes prêts.

ROSEVAL.

Ne me trompes-tu pas?

LÉONARD.

Vous tromper? moi? fi donc? Mais, si vous le voulez, c'est votre frère qui le sera. Epousez cette baronne de Soligny, cette veuve si riche, si vieille.

ROSEVAL.

Si vieille, comme c'est aimable!

LEONARD.

Soixante ans; je suppose.

OLIVIER, *à part.*

Soixante ans!

LEONARD.

Son petit-fils en a dix-sept.

OLIVIER, *à part.*

Ah! je devine la méprise.

ROSEVAL.

J'aurais un petit-fils ?

LEONARD.

Et c'est un égrillard, un babillard, un mauvais sujet à lancer, un diable, en un mot.

OLIVIER, *à part.*

Charmant éloge, et j'ai gagné cela en écoutant aux portes.

ROSEVAL.

Quelque flatteuse que soit la proposition, je refuse, et M. Leroc peut marier mon frère, sans que j'y mette obstacle.

LEONARD.

Notre parti est pris : En ce cas la prison.

ROSEVAL.

Eh bien, marchons, messieurs, mais, quand j'en sortirai..

LEONARD, *passant derrière les créanciers.*

Ne nous effrayons pas. Réfléchissez encore : Un mot peut vous sauver. La baronne est pressée, elle attend son époux.

ROSEVAL.

Mensonge.

LEONARD.

Moi, mentir, juste ciel ! Tenez, prenez, lisez ; ce billet à Leroc permet à votre frère de s'offrir aux yeux de la baronne; elle ne connaît pas ce procureur, le comte de Roseval n'a jamais paru devant elle, et si vous consentiez....

ROSEVAL, *prenant la lettre.*

Voyons un peu le style... Une vieille... amoureuse ? Ce doit être plaisant.

OLIVIER, *à part.*

Cédera-t-il aux conseils de ce vieux coquin ?

ROSEVAL, *lisant.*

« La baronne de Soligny engage M. Leroc.... *(à part.)* O ciel ! quelle écriture! la main de Sydonie! Oui, je les reconnais, ces caractères tracés par la plus aimable des femmes; nous nous sommes écrit tant de fois. *(Haut.)* Qui t'a remis cette lettre, parle, réponds; faut-il que je te tue pour rompre ton silence ?

LEONARD.

Une parente, une amie de la baronne, je ne puis vous dire.

ROSEVAL.

Oui, cette écriture est bien la sienne : mon œil ne peut s'y méprendre ! Elle est donc chez la baronne, cette perfide que j'adorais ! En me rendant aux vœux de ces corsaires, je pourrais donc la voir, lui dire que je l'aime encore, non, que je la déteste : me venger en m'unissant en sa présence à une femme que je ne pourrais souffrir ! et je balancerais ? Non, volons chez la veuve; malgré son âge, je la trouverai jeune,

19

aimable, jolie, je la chérirai, je serai heureux et mourrai de
chagrin. C'est égal ! Messieurs, disposez de moi.

LEONARD.

J'étais sûr du succès.

OLIVIER, *à part.*

Le complot est joli, mais je le déjouerai.

LEONARD.

Messieurs, à la besogne, embellissons notre futur. Bijoux,
habits, chevaux, voiture, nous vous fournirons tout, en vous
accompagnant comme votre famille.

OLIVIER, *à part.*

Aimable parenté ! Ah! traîtres, je vous tiens.

Duo du Maçon.

(*Pendant la ritournelle, les Créanciers ouvrent leurs paquets,
entourent Roseval, et l'habillent*).

OLIVIER, *à part.*	LÉONARD.
Écoutons, regardons,	Dépêchons, habillons,
Et de tout profitons.	Pour tous, nous travaillons;
Dès ce soir mon courroux	Dès ce soir, grace à nous,
Va s'armer contre vous.	Qu'il fera de jaloux.

LÉONARD, *aux Créanciers.*
Par l'habit chacun brille,
Couvert d'or, sans retard
Devenez la famille.

ROSEVAL.
Et Leroc?

LÉONARD.
Moi.

OLIVIER.
Pendard !

LÉONARD.
De grands mots dans la bouche ;
Ton mielleux, cœur d'airain.

OLIVIER, *à part.*
Et nous verrons Cartouche
Sous l'habit de Mandrin.

ROSEVAL.
La perfide ! Ah! peut-être
J'aurais fait son bonheur ?

LÉONARD.
Tour à tour je vais être
Créancier, procureur.

OLIVIER, *à part.*
Pour doubler sa fortune,
A son arc, le vieux fou,
A deux cordes, mais qu'une
Irait bien à son cou.

(*Après la reprise de l'air, les Créanciers emmènent Roseval ; Olivier
et Julie les suivent des yeux*).

FIN DE LA PREMIÈRE PARTIE.

LES CRÉANCIERS.

*Le Théâtre représente une partie des jardins de la baronne de Soligny.
Un élégant pavillon sur la droite.*

SCÈNE Ire.

LA BARONNE, OLIVIER, ENSUITE GERTRUDE ET JULIE.

Duo du Prisonnier : O ciel! ma surprise est extrême.

OLIVIER.

Oui, j'ai surpris son stratagême.

LA BARONNE.

Non, non, cela n'est pas certain.

OLIVIER.

Mais Roseval, ici, lui-même.....

LA BARONNE.

Roseval viendrait'm'offrir sa main
L'aventure est singulière!
Veut-il éprouver mon cœur?

OLIVIER.

Sa conduite irrégulière
Le bannit de votre cœur.

LA BARONNE.

Ah! de sa coupable offense
Je saurai tirer vengeance;
Et, s'il ose me revoir,
Punir sera mon devoir.

OLIVIER.

Il ne croit ni jeune ni belle
La baronne, et je sais pourquoi :
En son printemps aurait-elle
Un petit-fils comme moi ?

LA BARONNE.

Du complot brisant la trame
Je punirai l'inconstant,
Si celle qu'il veut pour femme,
Il la croit ta grand'maman,

OLIVIER.

Et cet ami ridicule ,
C'est un créancier brutal :
Il a vaincu le scrupule
Qu'avait encor Roseval.

ENSEMBLE.

LA BARONNE.	OLIVIER.
L'aventure est singulière !	Cet amant, qui sut vous plaire,
Vient-il éprouver mon cœur ?	Veut abuser votre cœur :
Mais c'est envain qu'il espère,	Mais c'est envain qu'il espère,
Point d'égard pour un trompeur.	Point d'égard pour un trompeur.

LA BARONNE.

Et vous aussi, Julie, vous l'avez entendu, ce traître que j'ai tant aimé, consentir à tromper la baronne de Soligny, qu'il croit ne pas connaître, et dont la fortune est sans doute le seul mérite à ses yeux.

OLIVIER.

Pouvions-nous perdre un mot ? il s'agissait de votre bonheur.

LA BARONNE.

Le monstre ! Non content de m'oublier, il veut se jouer de la crédulité d'une autre femme ! mais je suis prévenue, j'embrasse la défense de mon sexe, et veux avoir raison de sa lâche conduite. Gertrude, Julie, écoutez ! *(Elle leur parle bas.)*

OLIVIER.

Moi aussi, je suis furieux, je vous en réponds ; et si j'aime jamais, et que l'on me trahisse, je prouverai que j'ai du caractère, et que Paris n'est pas Constantinople.

Air du Château perdu.

A supporter les caprices des belles,
Bons Musulmans, l'Alcoran vous soumet ;
Mais le séjour de tous les infidèles
N'est pas, en vain la femme le promet,
Le beau pays où régna Mahomet.
De nos moitiés le changement nous lasse,
Et s'il le faut, d'un cœur obéissant,
Tous les maris se lèveront en masse
Pour écraser l'empire du croissant.

LA BARONNE.

Gertrude, vous avez compris mon dessein, et puisque la famille que le chevalier de Roseval va me présenter se compose de ses créanciers, devenez, vous et mes autres serviteurs, des parens que mon cœur chérit : prenez tous, les habits convenables au rang que je vous donne, et préparez également ceux qu'exige le rôle que je vais jouer. *(Gertrude sort avec Julie.)*

OLIVIER.

Comment ! au lieu de lui défendre la porte du château, vous souffrirez qu'il se présente devant vous ?

LA BARONNE.

Ma haine a besoin de le voir.

OLIVIER.

Votre haine ? c'est-à-dire le cœur, je commence à connaître le vocabulaire des Dames, et vous allez....

LA BARONNE.

Prendre le ton, l'âge et les manières qu'il soupçonne à la vieille baronne de Soligny. La leçon que je lui donnerai sera sévère, mais sa conduite me rend excusable ; il finira par me connaître, il saura quel cœur il a déchiré, il verra quel sacrifice je m'impose pour assurer son avenir : peut-être alors, car les hommes sont si trompeurs, affectant quelques remords, il sollicitera un pardon généreux, mais il sera trop tard, et mon courroux n'écoutera rien.

OLIVIER.

A la bonne heure si vous persistez, car alors ses créanciers, trompés dans leur espérance, se chargeront de le punir, et le faisant conduire en prison....

LA BARONNE.

Non, Olivier, ma vengeance n'ira pas aussi loin.

Romance du Jockey.

Pour me tromper il va venir:
Mais cet ingrat que j'abandonne,
De ses torts puis-je le punir
Quand la misère l'environne?
De mes biens donnant la moitié,
Prouvons, malgré les épigrammes,
Que tel, qui nous croit sans pitié
Ne connait pas le cœur des femmes.

OLIVIER.

Ainsi, je le vois, il m'est défendu de m'amuser du faux comte de Roseval, car, si jamais il devenait époux, je pourrais me repentir....

LA BARONNE.

Lui, Roseval, devenir mon époux? Quelle idée!

OLIVIER.

Eh pourquoi pas? Tenez, j'ai lu des romans, et votre vengeance ressemble si bien à la tendresse.... Mais quel bruit? Des chevaux, des équipages!.... Ils ont fait diligence, car, ma foi, les voici... Que de monde! que de caricatures! Une d'elles s'avance, et, malgré sa large perruque, son habit noir et son air empesé, je reconnais le fripon de ce matin.... Pour celui-là, du moins, il me sera permis....

SCENE II.

OLIVIER, LA BARONNE, LÉONARD (sous le nom de. Leroc).

Air: *Je reconnais ce militaire.*

LÉONARD, *à part.*

Léonard, allons du courage,
Et remplis bien ton personnage.

OLIVIER.

Sa présence accroit ma fureur.

LA BARONNE.

Sa présence agite mon cœur.

LÉONARD *à part.*

Va présenter ton humble hommage,
A l'épouse d'un débiteur.
(*Haut*) Ici, d'une âme satisfaite
Je viens vous annoncer l'amour.

OLIVIER *à part.*
Ce soir, pour battre la retraite,
Ton dos servira de tambour.

LA BARONNE, *à part.*
Bannissons un funeste amour !

LÉONARD.
D'un époux, jeune, aimable et sage,
Voyez en moi l'ambassadeur.

OLIVIER ET LA BARONNE.
Il ose tenir ce langage !
Ses discours irritent mon cœur.

LÉONARD.
Daignez accueillir mon hommage.

OLIVIER, *à part.*
En riant du faux procureur.

LA BARONNE.
De l'amour je crains le langage,
Et je fuis son ambassadeur.   (*Elle sort.*)

SCENE III.
OLIVIER, LÉONARD.

LÉONARD, *à part.*
Grâce à un costumier de mes amis, nous sommes tous-méconnaissables. On m'accueille avec bienveillance, continue, Léonard, et en avant la flatterie.

OLIVIER, *à part.*
Il me prend pour sa dupe, il faut jouer au fin..

LÉONARD.
A l'air noble qui vous distingue, il est facile de reconnaître en vous le digne petit-fils de Madame la baronne de Soligny.

OLIVIER, *avec intention.*
Que les impertinens et les imbéciles appellent babillard et mauvais sujet. Oui, monsieur, monsieur.... Leroc, je crois, car c'est bien M. Leroc, le modèle des hommes d'affaires, et le flambeau du Palais, que j'ai l'honneur de saluer ?

LÉONARD.
Monsieur... (*A part.*) Soutenons cette réputation. (*Haut*). De la clarté dans les idées, de là loyauté dans ma conduite, ont mérité la confiance de M. de Roseval, et j'espère également obtenir celle de Madame la baronne.

OLIVIER.
Vous obtiendrez ... tout ce dont vous êtes digne, je vous le promets, mais à propos, M. Leroc, il faut que je vous gronde : Quel diable d'ami avez-vous donc ?

LÉONARD.
Un ami ?

OLIVIER.
Un sot que, ce matin, j'ai trouvé dans un hôtel où le ha-

sard nous avait fait descendre, un créancier du chevalier de Roseval, un juif, un fripon, dont la science consiste à se servir des quatre règles de l'arithmétique.

LEONARD.

Mais, monsieur....

OLIVIER

Je connais son histoire, celle de ses confrères, et voici, en deux mots leurs moyens de parvenir.

Air : *Ces postillons sont d'une maladresse.*

D'un ton modeste inspirant la croyance,
De ses talens on fait l'addition ;
Quand des plaideurs on a la confiance,
On l'entretient par la division ;
Sur tous les frais une règle commune
Pose le mot : multiplication ;
Et je les vois voler à la fortune
Par la soustraction.

LEONARD.

Charmant, en vérité, de l'esprit, de l'imagination. *(à part.)* Ah ! petit serpent, qui nous connaît si bien, ne tombe jamais entre nos mains, car tu me payerais tes injures.

OLIVIER, *à part.*

J'aperçois le futur. Tenons-nous sur nos gardes et sondons ses sentimens.

SCENE IV.

OLIVIER, ROSEVAL, LÉONARD, CANARDINI, ZÉPHIR, FRIVOLE, VIS-A-VIS, THOMASSEAU, ROGER. *(Tous en riches costumes.)*

ROSEVAL.

Eh bien, pourrai-je enfin la voir cette baronne de Soligny ?

LEONARD, *à Olivier.*

Comme il est épris ! *(A Roseval.)* De la modération, M. le comte, de la patience, vous allez vous marier et devenir le protecteur et le second père de cet aimable cavalier que j'ai l'honneur de vous présenter, *(A part.)* et que je donne à tous les diables.

ROSEVAL.

Ah ! c'est là le petit-fils? *(Il salue.)* Comment donc, mais il est fort bien. *(A part.)* Si par lui je pouvais savoir....*(Haut).* Jeune homme, vous m'aimerez, n'est-il pas vrai ? Je suis inconséquent, étourdi, peut-être, mais franc, loyal, sincère, fidèle à la joie, à la liberté ; habile écuyer et vétéran d'amour, je suis de force à mener de front quatre chevaux et dix intrigues ; vous serez mon élève, et si je me marie, comme on le désire, c'est moins pour moi, je vous assure, que pour une famille....

OLIVIER.

Qui paraît vous être bien chère.

ROSEVAL.

Comme la jeunesse a le don de deviner ! *(Haut.)* Mes parens brûlaient du désir de vous saluer, *(A part.)* et de toucher la dot, *(Haut.)* aussi notre empressement à venir....

LEONARD.

Bien naturel, sans contredit. *(Présentant les créanciers)* M. le baron, officier en retraite, M. son fils, au service de l'étranger.

OLIVIER, *saluant.*

Leurs figures annoncent ce qu'ils sont.

ROSEVAL.

Quant à mes principes, jeune ami, j'ai de l'honneur, des sentimens, de la sincérité, vous le jugerez bientôt : de la modération dans le désirs, du sang-froid au jour du danger, de la justesse dans l'esprit et dans l'œil, je vise le but avec une adresse.... Point querelleur, cependant ; évitant les affaires, mais si quelqu'un en doute, qu'il parle, on répondra. Enfin je suis, j'ose le dire, ce qui convient à votre grand'maman, à vous ; et pour commencer la connaissance, donnez-moi la main, et jurez de me prendre toujours pour consolateur dans vos peines, et pour second dans vos plaisirs.

OLIVIER, *à part.*

Il est charmant ! d'honneur, et mon courronx s'éteint depuis que je l'entends parler. *(Il lui donne la main.)*

LEONARD.

Touchant spectacle. *(Bas à Roseval.)* Bravo, M. le chevalier. *(Aux créanciérs.)* Nous serons remboursés.

ROSEVAL, *à part.*

Interrogeons-le sur Sidonie. *(Haut.)* Mon expérience pourra vous servir. La première étude de l'homme, c'est de chercher à plaire aux dames, la seconde d'apprendre à les connaître, et grâce à mes leçons, leurâge, leurs figures, leur caractère, leurs penchans ; vous n'ignorerez rien à la seule inspection de leur écriture.

LEONARD.

C'est un conte.

ROSEVAL.

Ah ! l'on doute ! Exemple sur-le-champ : cette lettre envoyée à M. Leroc, par la baronne de Soligny, une jeune personne l'écrivit.

OLIVIER.

Il est vrai.

ROSEVAL.

Cette femmee t bien faite.

OLIVIER.

On le trouve.

ROSEVAL.

De beaux cheveux blonds.

OLIVIER.

Superbes, en vérité.

ROSEVAL, *à Léonard.*

Vous voyez bien! (*A Olivier.*) Mais son cœur est facile.
Elle aime tout le monde.

OLIVIER.

Moi, d'abord, j'en sûis sùr, quant aux autres, je ne sais.

ROSEVAL.

Comment elle vous aime?

OLIVIER.

Et je le lui rends bien!

ROSEVAL.

Grands dieux! qu'avez-vous dit? Il n'est donc plus de
mœurs! Une femme mariée?

OLIVIER.

Veuve depuis deux ans.

ROSEVAL.

Veuve?

OLIVIER, *ironiquement.*

Comment donc, l'écriture ne vous l'a pas appris?

ROSEVAL.

Veuve? Sidonie? Elle serait libre, et je pourrais?... Mon
ami, ah! je vous en conjure, faites que je la voie.

OLIVIER.

Ma grand'maman, monsieur?

ROSEVAL.

Eh! non, non, la jeune personne qui écrivit la lettre : la
femme qui vous chérit.

OLIVIER.

Paraîtra devant vous quand la baronne de Soligny le jugera
nécessaire. (*A part.*) Je crois qu'il l'aime encore, (*Haut.*) et
je vais prévenir l'une et l'autre de ces dames de votre empressement à leur présenter vos respects. (*Il sort.*)

SCÈNE V.

LES PRÉCÉDENS, EXCEPTÉ OLIVIER.

ROSEVAL.

Léonard, honnêtes marchands qui ne m'épargnez point,
et me faites la guerre, je devrais me venger; mais, non, je
vous pardonne; j'ai des dettes, c'est vrai; eh bien, n'en par-
lons plus.

LEONARD.

Au contraire, parlons-en.

ROSEVAL.

Vous êtes mes sauveurs, mes anges tutélaires ! En m'amenant ici, vous avez cicatrisé les plaies de mon cœur, ranimé l'espoir dans mon âme !.. Si elle ne m'avait point oublié, si elle agréait mes hommages.

LEONARD.

Elle les agréera : une vieille femme n'a pas de temps à perdre.

ROSEVAL.

Eh ! qui parle de la baronne ?

LEONARD.

Moi, et mes honorables collègues qui feraient chorus si la crainte de n'avoir pas un langage à la hauteur du costume ne leur fermait la bouche.

ROSEVAL.

Tu crois donc que je vais épouser ?

LEONARD.

Belle demande ! Eh oui, j'y crois certainement.

ROSEVAL.

Tu n'as donc pas compris que Sidonie est ici, qu'elle peut disposer de sa main, que, peut-être, elle m'aime toujours ! Grâce à vous, ma mise est décente, je puis me présenter : je tomberai aux pieds de mon amie : le cœur rend éloquent. Je vaincrai sa résistance, et vous devrai le bonheur.

LEONARD.

Sidonie de Monval, de femme est devenue veuve, libre à vous d'en avoir la joie au cœur, assurément mais cette belle est sans fortune?.. Et vous croyez de bonne foi que c'est dans l'espoir de vous rendre plus séduisant à ses yeux, que nous aurons dépouillé nos magasins de leurs plus nouveaux articles! que la main d'un artiste célèbre aura rassemblé les boucles de vos cheveux ! et qu'enfin tous, nous aurons compromis notre réputation en vous amenant ici ! Erreur, monsieur le chevalier, c'est l'espoir de recouvrer nos deniers qui a dirigé nos démarches. Les huissiers entourent le parc, nul moyen d'évasion ne vous est praticable, et si la vieille douairière ne change son nom contre le vôtre, vous savez ce qui vous attend.

ROSEVAL.

Eh ! que m'importent vos menaces quand j'ai l'espoir de revoir Sidonie? Son mariage, son inconstance même, je suis capable de tout oublier, et tu voudrais effrayer mon cœur, alors qu'il palpite d'espérance et d'amour ? J'aime!.. oui, j'aime, ce sentiment qui double nos jouissances, et qu'avec ta figure on ne connut jamais, parle plus haut qu' huissier, créancier, procureur; j'y tiens, vois-tu, comme un auteur à son ouvrage, un musicien à ses roulades, une vieille à ses souvenirs et comme vous à votre argent.

LEONARD.

Ta, ta, ta! quelle diable de chanson me débitez-vous là?

Air: *Je loge au quatrième étage.*

Je n'entends rien à ce langage,
Mais la baronne épousera,
Ou, dépouillé de son plumage,
En cage l'oiseau couchera!
Et dans la retraite paisible,
Où l'huissier conduira ses pas,
Il chantera : *Femme sensible,*
Sur l'air : *Malbroug ne revient pas.*

ROSEVAL.

Mais si la baronne me refuse, aurez-vous bien la cruauté?

LEONARD.

Refuser un mari taillé de votre sorte, et vous dites connaître les femmes?

ROSEVAL.

Il en est de bizarres, et la baronne pourrait être du nombre. Des défauts? j'en ai mille : ils me feront haïr.

LEONARD.

Ils vous feront aimer, rien n'égale un mauvais sujet pour aller vîte en besogne, et, dès qu'il est aimable, car vous le serez Monsieur le Chevalier...... Caché près de ces lieux pendant votre entrevue, j'entendrai vos discours, et si, trahissant notre espoir, vous évitez de chercher à plaire, nos records ne vous manqueront pas. On vient, c'est sans doute la famille de la baronne : songez à nos sermens.

ROSEVAL, *à part.*

Pensons à notre amour.

SCÈNE VI.

Les précédens, OLIVIER, GERTRUDE, JULIE, valets et
femmes de chambre en grande tenue.

OLIVIER, *aux valets.*

Air : *Non piu andraï.*

Empressés près d'un futur aimable,
Saluons sa famille honorable,
Et bientôt qu'un banquet délectable,
En ces lieux,
Fixe nos chants joyeux.
Sur mes pas la baronne s'avance.

LEONARD, *à Roseval.*

Bon courage !

ROSEVAL, *à part.*
Il en faut.

LÉONARD, *bas.*
Du silence.

OLIVIER.
Nous laissons les futurs en présence.

29

LÉONARD, *bas.*
On s'avance,
De la prudence.

OLIVIER, *aux Créanciers.*
Notre absence
Plaira, je pense.

LA BARONNE, *arrivant.*
Je préviens un futur tout aimable,
(*A part.*) Pour mon cœur quel moment redoutable,
(*Haut.*) Et bientôt d'un hymen honorable,
Tous les deux,
Nous formerons les nœuds.

LÉONARD, *aux Créanciers.*
Saluons la baronne estimable,
Imitons sa famille honorable :
Son bonheur ne peut qu'être durable,
Et nos vœux
La suivront en tous lieux.

(*Léonard se retire avec Olivier et les Créanciers.*)

SCENE VII.

LA BARONNE, ROSÉVAL.

LA BARONNE; *à part.*
Olivier ne s'est-il pas trompé? et Roseval m'aimerait-il toujours!

ROSEVAL, *à part.*
C'est singulier, j'éprouve près d'elle une émotion, et cependant je n'ose la regarder.

LA BARONNE.
Eh bien, M. le comte, le style passionné de vos lettres
vient enfin de vaincre ma résistance; vous allez être heureux,
je cède à vos désirs.

ROSEVAL, *à part.*
Sa voix est douce encore, mais sa mise, ses traits.... (*Il
regarde.*) Ah! grands dieux!

LA BARONNE.
Les préparatifs sont terminés, et ce soir nous serons époux.

ROSEVAL, *à part.*
Agréable nouvelle !

LA BARONNE.
Et vous savez ce que j'attends de vous.

ROSEVAL, *à part.*
Je puis le craindre au moins. (*Haut.*) L'honneur me pres-
crirait la loi de prévenir vos goûts, si j'avais le bonheur de
vous posséder, mais... (*A part.*) Ma foi, Léonard ne peut
m'entendre, faisons tout ce qu'il faut pour être refusé.

LA BARONNE.
Douteriez-vous encore de votre félicité? Sans nous être jamais vus, nous sommes de vieilles connaissances, et dans

quelques instans nous serons l'un à l'autre ; j'aurais pu faire choix d'un mari de vingt ans.

ROSEVAL, *à part.*

Que ne le prenait-elle ?

LA BARONNE.

Mais vous avez paru et chassé vos rivaux.

ROSEVAL, *à part.*

Ma victoire me coûtera cher.

LA BARONNE.

A trente ans, c'est votre âge, je crois, on plaît comme à vingt ans ; on aime davantage : j'en suis sûre, mon ami.

Air : *Il faut des époux assortis.*

A vingt ans on rit de l'amour,
C'est à trente ans qu'il nous engage ;
Vingt ans est l'aurore du jour ,
Trente ans est le midi de l'âge.
Autour du monde , en l'animant ,
Voyez le soleil qui circule:
Il nous éclaire en se levant,
Mais c'est à midi qu'il nous brûle.

ROSEVAL.

Oh ! sans doute, à trente ans on réflechit, on pense, on raisonne, mais on déraisonne aussi, et tenez, moi, par exemple, dût ma modestie en souffrir, je vous dois un aveu pénible, mais nécessaire, et j'aurai le courage de ne le pas retarder. Vous croyez que l'âge m'a donné ce poids, cette maturité de caractère qui font le charme de la vie? Eh bien, Madame, point du tout. Aimant le plaisir de toutes les facultés de mon âme, je le cherche en aveugle et le poursuis partout. Jamais fixé, toujours volage, je fuis le temple de la Sagesse et brigue les faveurs de la Folie : variété, c'est ma devise, et j'abandonnerais les leçons de Socratte pour assister au banquet d'Anacréon.

LA BARONNE.

(A part.) Chercherait-il à me déplaire? ce serait une preuve d'amour. *(Haut.)* Et vous accusez votre caractère? Vous osez le calomnier? Mais il est charmant, mon cher Comte, et vous voulez que l'on soit folle de vous! La gaîté, la folie, empêchent de vieillir, et je suis jeune aussi, pour ne vous rien cacher.

ROSEVAL *(à part).*

Voyez-vous l'ingénuité ?

LA BARONNE.

Vous m'entendrez , mon cher, répéter jour et nuit :

Air : *De ma barque légère* (D'ANACREON).

Envain le tems s'efforce
D'affaiblir les amours ;

Sous la neige toujours
L'herbe double sa force.
Les plaisirs, les désirs
Soutiennent l'existence,
Je chéris la puissance
Des souvenirs.
Aimer, est une fête,
Et si, pour mon malheur,
L'hiver est sur ma tête,
Le printems règne dans mon cœur.

ROSEVAL, *à part.*

Allons, c'est décidé, je plairai, malgré moi, et l'on dira que je suis heureux!

LA BARONNE, *à part.*

Il est plus aimable que jamais.

SCÈNE VIII.

LA BARONNE, ROSEVAL, LÉONARD.

LÉONARD, *à part.*

Voyons s'il suit exactement nos instructions. (*Il entre dans le pavillon.*)

LA BARONNE.

Les grâces, l'esprit, l'amabilité, sont, à ce qu'il paraît, l'apanage de votre famile; j'ai entendu parler du chevalier de Roseval.

ROSEVAL.

Du chevalier, madame, et par qui, s'il-vous-plaît?

LA BARONNE.

Par une de mes parentes, une jeune veuve fort intéressante, que j'ai recueillie, et qui se plaint amérement de lui, comme de vous.

ROSEVAL.

On se plaint de moi, Madame? Et l'on a pu vous dire.... Et non content d'avoir trahi la tendresse la plus vive, on me calomnie près de vous? Perfide Sidonie! car sans doute c'est elle.....

LA BARONNE.

Vous vous souvenez de son nom?

ROSEVAL

Plût au ciel que je l'eusse oublié!

LA BARONNE, *à part.*

O bonheur! il pense encore à moi! (*Haut.*) C'est à vos efforts qu'est due la rupture de son hymen avec votre frère : le chevalier est devenu volage, et c'est un tort qu'une femme a de la peine à pardonner.

ROSEVAL·

Volage? le chevalier! quand chaque instant lui rappelle l'amie de sa jeunesse! Volage? quand il donnerait sa vie pour lui jurer encore un éternel amour ! Volage ! non , non, il ne l'est pas, il ne le fut jamais ! Excusez ma chaleur, mon zèle à défendre celui que vous accusez ; mais le chevalier est un autre moi-même , attaquer son cœur, c'est diriger vos coups contre un homme.... que j'aime, et je dois prendre sa place pour lui rendre, dans votre esprit, l'estime qu'il mérite, et qu'il n'eut jamais dû perdre.

LÉONARD, *à la fenêtre du pavillon.*
Mon petit chevalier, vous sentez furieusement la prison.

LA BARONNE, *à part.*
Qu'il m'est doux de l'entendre parler ainsi ! Mais continuons notre épreuve.

ROSEVAL.
Et l'on ose se plaindre, lorsqu'au mépris de sermens , répétés mille fois, on s'unit au sort d'un autre ! on rejette le blâme sur un homme dont la douleur fut sans bornes ; on se montre envers lui cruelle et sans pitié ! Pauvre Chevalier ! on t'oublie, et l'on t'accuse ! Que voilà bien les femmes ! tous les vœux sont pour elles, tous les torts sont de nous !.. Et vous l'avez recueillie , Madame , m'avez-vous dit, elle est donc malheureuse ?

LA BARONNE.
Sans moi , son sort serait affreux ; mais elle m'a trompé en me parlant de votre frère, en me disant qu'il lui est toujours cher.

ROSEVAL.
Elle aime encore le Chevalier ? ô ciel ! serait-il possible ?

LA BARONNE.
Peut-être il n'en est rien.

ROSEVAL.
Laissez-moi penser le contraire.

LÉONARD, *à part.*
Ça va mal, ça va mal.

LA BARONNE.
Vos discours ont éclairé mon devoir: dans une heure je serai votre épouse, et dans une heure Sidonie de Monval ne sera plus ici.

LÉONARD, *a part.*
Ça va bien , ça va bien.

ROSEVAL.
Comment, notre union serait le signal de votre abandon ? Sans doute, Madame, votre alliance offre mille avantages , mais les acheter par le malheur d'une femme !....

LA BARONNE.
Savez-vous s'il m'est possible d'agir autrement ?

ROSEVAL.

Expliquez-vous.

LÉONARD, *à part*.

Prêtons l'oreille.

LA BARONNE.

La fortune du baron de Soligny appartient à ses enfans, j'en suis dépositaire, et n'en peux disposer. Quant à l'héritage considérable qu'un parent m'a légué, je n'ai le droit de le conserver qu'en prenant le nom de Roseval, qu'en m'unissant enfin, à votre frère ou bien à vous.

ROSEVAL.

A mon frère, madame ?

LA BARONNE.

Le testament ne s'explique pas, et mon choix est tombé sur vous. Ainsi, demeurant veuve, la modicité de mes revenus m'ôte le pouvoir d'être généreuse... Votre compagne!.. mon devoir est de rompre toute liaison avec une parente dont les rapports mensongers me rendaient injuste, envers le frère que vous chérissez tendrement.

ROSEVAL.

Non, Madame, arrêtez ! votre parente n'abusa point vos sens le Chevalier.... Ah ! vous ne savez pas tous les torts dont il s'est rendu coupable ?

LA BARONNE

Nous les excuserons. Mais quant à Sidonie, maître une fois de ma personne et de mes biens, vous pourrez lui servir d'appui, rétablir sa fortune.

ROSEVAL.

Vous le permettriez!... (*à part.*) Sidonie! lorsque la détresse est ton partage, quand mes folles dépenses m'ont privé du bonheur d'embellir tes destinées, j'hésiterais à sacrifier mon amour à tes intérêts ? non ! (*haut.*) Porter le nom de Roseval consolide dans vos mains une fortune immense ; vous donner le titre d'épouse, m'accorde le droit de répandre des bienfaits? Marchons à l'autel, Madame ; ami, soutien, consolateur, je serai tout pour vous. Les qualités de mon cœur effaceront à vos yeux les défauts de ma tête ; votre parente cessera d'être infortunée ; mais, je vous en supplie, qu'elle ne paraisse jamais à mes regards : la persécution dont elle fut l'objet, l'acharnement du comte de Roseval à lui refuser le nom de sœur, ont dû le rendre odieux, qu'elle ignore à jamais que j'ai contribué à diminuer le poids de ses chagrins ; dépensée par vous, la richesse, pour elle, aura un double prix ; notre félicité s'augmentera de celle dont nous la ferons jouir ; nous dirons : voilà notre ouvrage! et cette pensée, multipliant nos plaisirs, calmera nos peines, et fortifiera l'estime, le respect, l'attachement que mérite votre personne, en qu'inspirent vos vertus.

LÉONARD, *dans le pavillon.*

M. le chevalier, vous songerez à nous !

ROSEVAL, *à part.*

Le coquin était là. (*Haut.*) Oui, mais retire-toi.

LÉONARD, *fermant la fenêtre.*

J'écouterai sans voir.

LA BARONNE, *à part.*

Ses torts sont effacés, et ma main récompensera son amour.

ROSEVAL, *à part.*

Par la grandeur du sacrifice, Sidonie apprendra de quel feu je brûlais.

SCÉNE IX.

LA BARONNE, ROSEVAL, OLIVIER.

OLIVIER, *à part.*

J'ai tout vu, le juif est là ; à mon tour, et vengeons-nous de lui.

LA BARONNE.

Que nous veut Olivier ?

OLIVIEB.

Vous apprendre un secret.

Air : *Ah ! que je sens d'impatience.*
Je promenais nos deux familles,
Et dans le jardin parvenu,
J'apperçois, à travers les grilles,
Un homme qui m'est inconnu ;
   Cet homme est l'émissaire
   D'un fripon, d'un corsaire,
   Enfin, c'est un huissier
   Qu'il faut payer !
(*A Roseval.*) Du chevalier,
   De votre frère,
Il vient s'emparer, pour raison ;
Et m'a soutenu, quelle trahison,
Que le chevalier, à tromper enclin,
En ces lieux, par un tour malin,

voulait abuser de notre crédulité, secondé par un créancier, fripon de son métier, et nommé Léonard : vous pensez bien qne je n'ai cru qu'une portion de ses discours, que j'ai tout préparé pour ménager au chevalier une retraite facile, mais qu'à l'égard de mons. Léonard...., Enfin, j'ai mis en réquisition tous les chiens du château, je vais les lancer sur ses pas, le coquin de créancier tombera dans nos mains ; et le saisissant par les oreilles

Du traître (*bis*) je veux faire un carlin.

ROSEVAL.

Et ce sera justice..

LA BARONNE.

Mais, votre frère, M. le comte, ne viendrez-vous pas à son secours?

ROSEVAL.

Oui, madame, certainement....

OLIVIER.

Nous y avions pensé, et M. Leroc.... (*Bas à la baronne.*) Laissez-moi dire, (*Haut.*) a reçu des ordres exprès.

ROSEVAL.

Quoi, Madame, vos bontés s'étendraient sur le malheureux chevalier? vous ignorez donc combien il commit de fautes, et que, même en ce moment....

LA BARONNE.

Après notre hymen, nous nous ferons des aveux réciproques; mais à présent je ne veux rien entendre.

ROSEVAL.

Cependant, il faudrait....

LA BARONNE.

Me suivre et recevoir ma foi. Rien ne s'oppose à notre union, venez, monsieur, venez me rendre la plus heureuse des femmes. (*Bas à Olivier.*) A minuit seulement je veux le détromper, son erreur sera ma vengeance.

OLIVIER, *à la baronne.*

Mais le réveil, combien il sera deux.

ROSEVAL, *à part.*

Sidonie, ton bonneur en dépend, consommons le sacrifice.
(*La baronne offre la main à Roseval et sort avec lui.*)

SCENE X.

OLIVIER. ENSUITE LÉONARD.

OLIVIER.

Ils vont s'unir! Bravo! Maispour mériter l'amitié de M. de Roseval délivrons-le promptement de ses créanciers, n gardant Léonard pour nos menus plaisirs....

LÉONARD, *sortant du pavillon.*

Le chevalier épouse, ma créance est sauvée, mais les discours du petit-fils m'effrayent malgré moi.... (*Il aperçoit Olivier.*) Ah! bon dieu, le voilà.

OLIVIER.

Vivat! On se marie, honnête procureur, mais, je vous en préviens, je suis fort en colère.

LÉONARD.

Contre moi?

36

OLIVIER.

Oui, vraiment, M. Leroc a reçu les instructions de la baronne de Soligny, relativement aux créanciers du chevalier
de Roseval ; poursuivi par eux, et surtout par le plus traître,
appelé Léonard, il s'est, dit-on, refugié dans le parc, or,
comme vous êtes M. Leroc,

LÉONARD.

Non, Monsieur.

OLIVIER.

Comment ! vous ne seriez pas...

LÉONARD.

Conservons mes oreilles. (*Haut.*) Si, Monsieur, mais je
voulais dire....

OLIVIER.

Pourquoi les dettes ne sont point acquittées ?

LÉONARD.

Douteriez-vous de ma probité ?

OLIVIER.

C'est possible, si vous ne vous justifiez pas.

LÉONARD, *à part.*

La baronne s'unit à mon débiteur, et je puis.... (*Haut.*)
C'est une surprise que la famille de Roseval voulait ménager
au Chevalier, chacun des parens s'est fait un devoir de solder
un créancier.

OLIVIER.

De manière que chacun d'eux est porteur d'une quittance ?
C'est charmant, mais si vous me trompez....

LÉONARD.

Rendez-moi donc justice et cessez de douter. (*A part.*)
Achetons les créances à cinquante pour cent : ils seront trop
heureux, et mes fonds doubleront.

SCÈNE XI.

OLIVIER, LÉONARD, CANARDINI, JULIE, FRIVOLE,
GERTRUDE, LORANGE, Créanciers, valets, etc.

OLIVIER.

Arrivez, bons parens, que je vous félicite.

LÉONARD.

Laissez-moi leur parler. (*Léonard rassemble les créanciers et
leur parle bas.*)

OLIVIER, *à Lorange.*

Cours au château, et sitôt le mariage terminé, viens m'en
donner avis. (*Lorange sort.*)

LÉONARD, *bas aux créanciers.*

Argent comptant. (*Il ouvre son portefeuille.*)

OLIVIER.

Eh bien ! M. Leroc !

LEONARD, *qui a payé les créanciers.*

Monsieur, vous les voyez. (*Il lui montre les titres.*)

OLIVIER, *les prenant.*

Ah ! ce trait est superbe.... Mais il manque une des quit-
tances, celle de Léonard, ce maudit usurier dont je vous ai
parlé : ne serait-elle pas dans votre poche ?

LEONARD, *se fouillant.*

Justement. Erreur involontaire.

OLIVIER, *s'emparant du titre.*

Je le pensais ainsi, allons, dignes parens, donnez vous tous
la main, et chantez le refrain de la ronde des créanciers : je
vais vous la dire, car elle est de circonstance. Ah ! si ce Léonard pouvait ici l'entendre, il voudrait être bien loin.

LEONARD, *feignant de rire.*

Je le crois (*à part.*) Qu'on le paye, et s'il y revient....

OLIVIER.

M'y voici.

AIR : *Si jamais je prends femme* (UNE FOLIE).

Contre un enfant prodigue ,
Et Paris fourmille de ça,
Chaque intrigant se ligue ,
Car dès qu'il s'agit d'çà

(*Il fait le geste de compter de l'or*).

Tous les fripons sont là.
Argent , bijoux , *et cœtera* ,
C'est à qui leur en fournira.
Mais quand d'payer le tems viendra ,
Chacun d'eux vous tourmentera :
Contrats, maisons , tout y pass'ra ,
Et bientôt votre bien sera
A ces fripons là.

(*On danse*).

Même air.

Mais pour punir le traître,
Qui pour nous voler nous prêta ,
Le destin me fit naître ,
Et criant : alte là !
Sitôt qu'il s'avança ;
Apprenez ce qu'il arriva ,
Et comptez ce qu'il remboursa :
Quelques soufflets de c'côté là ,
Des camouflets de celui-là ,
Des coups d'bâton par ci , par là !
Créanciers , juifs , et cœtera ,
Vous attrp'rez çà.

(*Les femmes s'emparent des créanciers , et, tout en dansant , les pincent
et les tourmentent.*

OLIVIER, *à qui Lorange est venu parler.*
Leur hymen est conclu ! Vivent le chevalier de Roseval et
Sidonie de Monval ! Ils sont époux.

LÉONARD.
Quoi ! la vieille baronne ?

OLIVIFR.
A cédé tous ses droits.

LEONARD.
O ciel ! et mon argent ?

OLIVIER.
Vous me preniez pour dupe et vous étiez la mienne. (*Sa-*
luant les créanciers.) Lorsque j'aurai besoin de fournisseurs ha-
biles, j'irai chez vous, Messieurs.

LÉONARD, *à part.*
Nous étions reconnus. (*Haut.*) Mais, Monsieur, mes écus ?

OLIVIER.
Du silence, et vous ne perdrez rien.

(*Léonard est consterné ; Olivier jouit de son trouble. Les créan-*
ciers se retirent.)

FIN DE LA DEUXIÈME PARTIE.

LA FAUSSE VIEILLE.

Le Théâtre réprésente un riche salon, à gauche l'appartement de la
Baronne.

SCENE Ire.
OLIVIER, LA BARONNE, LÉONARD.

Trio du Jugement de Midas.

LÉONARD.
Non, cela n'est pas possible.

OLIVIER ET LA BARONNE.
Nous vous disons la vérité.

LÉONARD.
Vous seriez la jeune beauté
Dont son cœur était enchanté ?
Non, cela n'est pas possible.

OLIVIER.
Nous vous disons la vérité.

LEONARD.
Comment ! ce serait vérité !
Ah ! d'honneur, la chose est risible.

LA BARONNE.
Soyez honnête homme aujourd'hui.

LÉONARD.

Non, cela n'est pas possible.

OLIVIER ET LA BARONNE.

Et prêtez-nous tout votre appui.

OLIVIER.

Les intentions de ma grand'maman vous sont connues, loyal et discret Léonard ; il ne faut pas vous en écarter.

LÉONARD.

Non, certainement. Mais, monsieur, mon argent....

LA BARONNE.

Que M. de Roseval ne puisse soupçonner la supercherie que je me suis permise, et qu'autorisait son dessein de me tromper.

LÉONARD.

C'est entendu, madame la Baronne : il me semble cependant qu'en votre nom, l'on ma promis...

OLIVIER.

Une correction méritée, si nos ordres ne sont suivis.

LÉONARD.

Je n'ai garde de l'oublier, mais, madame....

LA BARONNE.

S'empressera de faire acquitter toutes les dettes de son époux.

OLIVIER.

Quand elles seront légitimes.

LÉONARD, *à part.*

Ahie ! ahie !

LA BARONNE.

Les sommes payées par vous à cette foule de créancies amenés ici pour augmenter mon erreur, vous seront fidèlement remises.

OLIVIER.

Jusqu'à concurrence de 5o pour 1oo, car en prenant la route de Paris, vos dignes confrères m'ont avoué n'avoir pas reçu davantage.

LÉONARD.

Les coquins! (*A part.*) Qui les forçait à parler?

LA BARONNE.

A l'égard des fonds que vous devait personnellement le chevalier de Roseval, nulle retenue ne vous sera faite.

LÉONARD.

Que de bontés !

LA BARONNE.

Sans vous j'ignorerais encore l'amour qu'il conservait pour Sidonie de Monval, et mon bonheur doit me rendre généreuse.

LÉONARD.

Comme c'est bien pensé ! et combien il est rare...

LA BARONNE.

Si vous aviez été temoin de son trouble, si vous aviez vu la chaleur avec laquelle il parlait de cette Sidonie qu'il ignorait à ses côtés, comme il s'empressait de me défendre, ma conduite cesserait de vous étonner. C'est pour la sauver de l'indigence qu'il a cru s'unir à une autre femme. En prononçant le serment de me garder son cœur, serment que mon cœur a recueilli, il ne s'est pas apperçu à qu'elle personne il jurait cette fidélité : le punir de sa ruse est un devoir sans doute, mais le recompenser est le premier de tous.

Air : *Sur votre table quand on porte.*

De l'argent que pour lui j'avance,
Roseval paira, dès ce jour,
Le capital, par sa constance,
Les intérêts, par son amour.

OLIVIER.
Vous m'enchantez, bientôt j'aurai mon tour,
Et si l'objet de mon ardeur secrète
Devient aussi mon créancier,
Devoir ne pourra m'effrayer,
Et je ferai toujours des dettes
Pour le plaisir de les payer.

LÉONARD.

Je remplirai exactement vos ordres, madame la Baronne; le desir de vous être agréable stimulera mon zèle; mais si M. de Roseval allait se permettre, quand je lui dirai que son aimable Sidonie....

OLIVIER.

Un gratification frappante?

LÉONARD.

Justement. Les 5o pour 1oo seraient-ils augmentés?

LA BARONNE.

Je le promets.

LÉONARD.

Il sera mauvaise tête. La Providence exaucera mes vœux.

OLIVIER.

Je crois l'entendre, il vient. Vite, séparons nous,

Air du Vaudeville des Anniversaires.

Evitons ses regards curieux,
Et prudemment quittons ces lieux.

LA BARONNE.
Blâmera-t-il notre artifice?

OLIVIER.
Jamais la ruse ne déplait

LEONARD, *à part.*
Pour augmenter mon bénéfice,
S'il pouvait me prendre au collet?

ENSEMBLE.
Evitons ses regards curieux, etc.

(*La Baronne et Olivier se retirent par la gauche*).

SCÈNE II.

ROSEVAL, LÉONARD.

ROSEVAL *(venant du fond)*:

N'ai-je pas entendu ? Ah! c'est ce Léonard Que fais-tu là ?

LÉONARD.

A vos ordres toujours, M. le Chevalier, j'attends.

ROSEVAL.

Ton argent ? Le prix des chaînes que je me suis données ?

LÉONARD.

Mes confrères, que maintenant je représente, ne savent, ainsi que moi, comment vous remercier. Vous vous êtes exécuté de si bonne grâce....

ROSEVAL.

Et tu penses que c'est pour toi ? Déterminé à refuser la Baronne, mais espérant revoir Sidonie, dans mon entretien avec la riche donairière, ai-je hésité à lui peindre mes goûts et mon caractère ? Ai-je flatté mon portrait ? N'ai-je pas déployé, pour me faire haïr, toute l'éloquence de la vérité ? Et crois-tu qu'il y a de ma faute si j'ai plu malgré mes défauts ?

LÉONARD.

Vous avez épousé cependant ?

ROSEVAL.

Pouvais-je résister au tableau des infortunes de Sidonie, retracés par une voix qui me rappelait la sienne ? les bienfaits que mon titre d'époux m'autoriserait à répandre sur une parente de la Baronne. qui peut-être pense encore à moi ; les malheurs que mon célibat assemblerait sur sa tête, un sentiment que je ne puis définir, puisque Madame de Soliguy en était l'objet, ont triomphé de mes scrupules et détruit mes résolutions. La vieille m'a subjugué : son âge, sa figure, mes dettes, mon bonheur, la faute que je commettais en usurpant le nom de mon frère, j'ai tout oublié, et signant mon contrat de mariage, comme une lettre-de-change tirée à vue sur l'éternité, j'ai répondu *oui*, aux sottes questions : *La prenez-vous pour femme ?* et *serez-vous fidèle ?* sans savoir où j'étais, à qui je parlais, où j'allais, et ce que je deviendrais.

LÉONARD.

C'est charmant !

ROSEVAL.

Charmant, dis-tu ? d'avoir compromis mon repos, perdu bonheur, engagé ma foi, et trouvé l'esclavage.

LÉONARD.

Vous me devez cela !

ROSEVAL.

Crains mes remercîmens...

LÉONARD.

Monsieur, je les souhaite.

ROSEVAL.

Eh bien! je t'en fais grâce, car maintenant je suis froid, calme, sensé; je souffre et je n'aime plus, c'est l'effet du mariage; et ce que je désire davantage, c'est de me trouver... seul, avec Madame de Roseval, pour donner des preuves de sagesse.

LÉONARD (*montrant la porte à droite*).

Vous n'attendrez pas longtems, son appartement est là; minuit va sonner, c'est l'heure du berger des amans....

ROSEVAL.

Arrête! tu m'y fais songer, et le frisson me prend.

LÉONARD, *à part.*

Voici le moment de mentir, et de mériter l'augmentation promise. (*Haut.*) Vous n'êtes pas ici le seul époux heureux, le flambeau de l'hymen s'est allumé pour d'autres.

ROSEVAL.

Vraiment?

LÉONARD.

J'ai vu la mariée : jolie blonde, ma foi.

ROSEVAL.

Et ma femme est du plus beau gris!.. Ah! Roseval! comme on rira de toi!...

LÉONARD.

Une taille élancée, des yeux, des pieds, des mains!.... en un mot, c'est un ange!

ROSEVAL.

Et son époux un sot, j'en suis bien sûr?

LÉONARD-

Devant vous, je n'oserais me permettre....

ROSEVAL.

Carte blanche, au contraire : un mari, c'est l'ennemi commun quand sa femme est jolie. Je lui ferai la guerre.

LÉONARD.

A l'époux de la blonde? Mais on l'aime beaucoup, je vous en avertis.

ROSEVAL,

Dans huit jours, si je veux, on le détestera; je n'aurai qu'à parler.

LÉONARD.

Cela vous plait à dire; mais cependant il est vrai que la mariée étant de votre connaissance, il se pourrait que Madame Sidonie....

ROLEVAL.

Sidonie! quel nom as-tu prononcé?

LÉONARD.

Celui de la nouvelle épouse.

ROSEVAL.

Misérable imposteur ! il ose blasphémer ! Tu dis que Sidonie ?....

LÉONARD.

En cessant d'être veuve, a juré à son époux une fidélité éternelle, au moment où vous même auprès de la Baronne. ...

ROSEVAL.

Arrête, ou redoute ma rage !

LÉONARD.

Je vous attends, Monsieur, et ne me dédis pas.

ROSEVAL.

Sidonie faire un nouveau choix ! trahir encore ma tendresse et ses sermens ?... Non, non, tu te seras mépris.

LÉONARD.

Mais j'ai vu, entendu; elle aime son époux, autant que vous l'aimiez.

ROSEVAL.

Traître ! finiras-tu ? Je ne saurais te croire.

LÉONARD.

Je le tiens d'elle-même.

ROSEVAL.

Veux-tu que je t'assomme !...

LÉONARD.

Oui Monsieur. (*A part.*) Allons, ferme.

ROSEVAL.

Je tuerai le mari

LÉONARD.

Ah ! je vous en défie.

ROSEVAL.

Qui m'en empêcherait ? Il périra, te dis-je.

LEONARD.

Vous voulez donc mourir ?

ROSEVAL.

Est-il si redoutable ?

LEONARD.

C'est un homme accompli. (*A part.*) Il étouffe, bravo ! (*Haut.*) Et M. Olivier le chérit tendrement.

ROSEVAL.

Ah ! mon cher petit-fils était donc de la noce ?

LEONARD.

Il a tout dirigé.

ROSEVAL.

Au collège demain. Marier Sidonie !

LÉONARD.

Votre exemple est suivi. N'êtes-vous pas époux ?

ROSEVAL.

Oui ; mais pour mon malheur, pour vous, pour elle, pour

adoucir sa position ! Et c'est au même instant où je me sa-crifie.... ! Fiez-vous donc aux femmes ? Me tromper, et deux fois !

LÉONARD.

Vous en verrez bien d'autres !

ROSEVAL.

Te fais-tu donc un jeu de mon chagrin mortel ? Toi, qui semble ne m'avoir conduit ici que pour me rendre témoin de l'hymen de Sidonie, et m'entretenir de son inconstance ? M'avoir ruiné ne te suffisait-il pas, et fallait-il rouvrir les bles-sures de mon cœur ? Mon désespoir devait attrister ce perfide. Mais non, Monsieur rit de mes peines, mon tourment fait sa joie, son regard me l'apprend, sa bouche me l'annonce. Pour être remboursé, il me force à tromper : il a vendu ma main, il vendrait le diable ; il me caresse et me déchire ! Coquin ! sais-tu bien que d'un bras je puis te renverser ?

LÉONARD.

Oui, sans doute, Monsieur. (*Bas à la porte par laquelle est sortie la Baronne.*) Madame, il va frapper.

ROSEVAL.

Que tes jours sont entre mes mains, que la fureur me transporte, et qu'on peut t'étrangler ?

LEONARD (*de même*).

Dix pour cent de profit. (*Elevant la voix.*) C'est une baga-telle, et je l'ai méritée.

ROSEVAL.

Ah ! tu fais le railleur ! (*Il le prend au collet.*)

LEONARD.

Que vous êtes aimable !

OLIVIER, *entrant dit bas à Léonard.*

Sortez, on vous payera.

LEONARD.

J'ai sauvé mon argent.   (*Il sort.*)

SCENE III.

ROSEVAL, OLIVIER.

ROSEVAL, *à part.*

C'est M. Olivier, et je vais lui montrer.... (*Haut.*) Qui vous appelle ici ?

OLIVIER.

Le désir de vous voir et d'apprendre de vous.

OLIVIER.

Quelle est ma volonté ? Je vais vous en instruire. Le plus prochain départ. Vous nous quittez demain.

OLIVIER.

M'éloigner d'ici ? moi ! Vous plaisantez ?

ROSEVAL.

Jamais. Votre éducation exige votre absence, et puis vous vous gâtez ici.

OLIVIER.

En suivant vos conseils, je pourrais parvenir.

ROSEVAL.

A rien ; j'ai prononcé et veux qu'on m'obéisse.

OLIVIER.

Soit, je m'éloignerai ; je connais mes devoirs ; mais demain seulement, et, ce soir, vous allez me dire comment il faut m'y prendre pour rire d'un mari qui se croit malheureux.

ROSEVAL.

Un mari dites-vous ? Parleriez-vous de moi ?

OLIVIER.

L'époux de la baronne de Soligny a droit à mon respect, mais son frère ?

ROSEVAL,

Mon frère ?

OLIVIER.

C'est le mari dont le vous parle. cet aimable chevalier de Roseval dont tout le monde connaît les aventures.

ROSEVAL.

Le chevalier de Roseval ?

OLIVIER

Il s'était introduit dans la parc, je me suis informé du motif de sa visite ; ne me soutenait-il pas qu'il se nommait le comte de Roseval, et qu'il venait pour se marier.

ROSEVAL.

Serait-ce le comte, en effet ?

OLIVIER.

Moi, qui eous savais avec ma grand'maman, je n'ai pas donné dans le piége, et me suis imaginé que c'était votre jeune frère.

ROSEVAL.

Ou quelque imposteur.

OLIVIER

Pas du tout. Notre parente, Sidonie, Vous savez bien celle dont nous parlions ce matin, a vu cet étranger, m'a confirmé qu'il s'appelait Roseval, et m'a dit, en rougissant, que tous deux s'aimaient depuis long-temps.

ROSÉVAL.

Ils s'aimaient, dites-vous ! Ô quelle trahison ?

OLIVIER.

Comment ! vous l'ignoriez ! ô cela n'est pas beau !

ROSEVAL.

C'est affreux ! c'est horrible ! ... me cacher qu'ils soupiraient l'un pour l'autre ! me traiter en écolier ! Eh bien ! qu'avez-vous fait : il faut ne rien me cacher !

OLIVIER.

J'ai profité des apprêts de vos noces, et ne trouvant qu'empressement à suivre mes idées, tandis que vous deveniez l'époux de la baronne.

ROSEVAL.

Vous me faites frémir. Auriez-vous donc uni mon frère à Sidonie ?

OLIVIER.

Vous avez deviné.

ROSEVAL.

O ciel. qu'ai-je entendu ?

OLIVIER.

C'est le plus joli tour.. ? n'est-il pas vrai, Monsieur ? Deux noces à la fois. j'en mourrai de plaisir. (*A part.*) Il crève de dépit.

ROSEVAL.

O crime. O perfidie ?

OLIVIER.

C'est positivement ce qu'il vient de me dire. Le chevalier de Roseval soutient qu'on l'a trompé et qu'on le trompe encore.

ROSEVAL.

Tromper le Chevalier ! à présent, non, il sait, il est instruit. Mais jadis. . . . ! Et l'ingrate adorait mon frère ! le traître soupirait pour elle ! L'affreuse vérité m'apparaît maintenant ! Pour mieux conserver la parjure, il rompait mon hymen avec elle ! Comme on se jouait de moi ! Quel tissu de mensonges ! Mais son mariage, le mien, je ferai tout casser : les tribunaux sont là : j'invoquererai les lois ! la justice est pour tous, on est époux enfin que lorsqu'on veut bien l'être.

OLIVIER.

Mais vous l'êtes je crois ?

ROSEVAL.

Il suffit, je m'entends, et vous ne pouvez pas ! . . . Le comte, Sidenie, combien j'étais leur dupe, mais je me vengerai, couple faux et perfide, vous apprendrez, grâce à mon avocat, que la ruse tourne toujours contre ceux qui l'emploient.

OLIVIER.

Je pense que vous avez raison. Mais désunir Sidonie et son époux, votre avocat n'y saura parvenir : la justice aurait trop de besogne.

Aɪʀ : *Trouverez-vous un Parlement.*

J'estime les avocats, mais
Je limite aussi leur science.
Nul d'entr'eux ne pourra jamais
Rendre douteuse l'évidence.

Tout a des bornes ici bas,
Et chaque époux plaidrait peut-être,
Si le talent des avocats
Empêchait les maris de l'être,

ROSEVAL.

Et c'est à moi que l'on tient ce langage, à moi, victime de ma tendresse et de ma sensibilité ? Vous prétendez que des nœuds mal assortis ne peuvent se briser, que la loi les protège ; c'est votre avis, Eh bien ! tremblez d'avoir raison, mon petit étourdi, car si les deux hymens sont déclarés valables j'userai de mes droits ; et si je suis grand'père, j'en aurai la rigueur et vous corrigerai.

OLIVIER.

Quel mal ai-je donc fait ?

ROSEVAL.

Il l'ose demander !

OLIVIER.

Attendez, je devine, pour vous, un tête-à-tête a des attraits puissans, et bientôt ma grand'mère devant se rendre ici, vous m'en voulez de troubler un espoir.... Soumis, je me retire. Votre épouse s'avance, adieu, monsieur, adieu, veillez, je vais dormir.

ROSEVAL.

Mais Sidonie, enfin....

OLIVIER, *voyant entrer la baronne.*

Est avec son mari, qui se dira bientôt le plus heureux des hommes.

ROSEVAL.

Le plus heureux Et moi ?

LA BARONNE.

Olivier, laissez-nous.

ROSEVAL, *à part.*

Voici l'instant fatal !

OLIVIER.

Je vais faire des vœux pour le commun bonheur.

ROSEVAL, *à part.*

Ah ! le monstre ! des vœux.

OLIVIER, *bas à la baronne.*

Nous serons aux aguets pour paraître à propos. (*Il sort.*)

SCENE IV.

ROSVAL, LA BARONNE.

LA BARONNE,

D'où provenait le bruit qui frappa mon oreille ! Vous vous
plaignez, je crois ?

ROSEVAL, *à part.*

J'en ai sujet, vraiment, nous voici seuls tous deux.

LA BARONNE.

Mon petit Olivier a tant de malice dans l'esprit et dans le
caoactère, que je craignais qu'il ne se fut permis....

ROSEVAL.

Et vous n'aviez point tort. Croiriez-vous bien, madame,
que, sans mon aveu, sans le vôtre, vous allez en être révoltée,
se plaçant entre deux personnes qui ne pouvaient se convenir.....

LA BARONNE.

Vous croyez ? Eh bien ! mon Olivier....

ROSEVAL.

A poussé l'audace jusqu'à marier Sidonie de Monval, votre
aimable parente.

LA BARONNE.

A quelqu'un qui porte votre nom ? Je savais tout cela, je
n'y vois aucun mal, et lui sais très-bon gré de ce qu'il a fait

ROSEVAL.

Quoi ? vous applaudissez à tant d'estravagance ?

LA BARONNE.

Certainement, Monsieur : j'ai mes raisons pour en agir
ainsi, nos mariés s'adorent.

ROSEVAL.

Ils s'adoreut ! Madame ¿

LA BARONNE.

Leurs cœurs s'appelaient depuis si long-temps.

ROSEVAL.

Ils auraient dû se taire.

LA BARONNE.

Ils ne le pouvaient pas, et je vois que j'aurai mille choses
à vous apprendre.

Air : *Femmes voulez-vous éprouver,*

L'absence appelle un souvenir,
Et le cœur appelle la flamme,
L'espoir appelle l'avenir,
Et le génie appelle une âme.
Le travail appelle le jour,
La terre appelle la culture,
Et l Hymen appelle l'Amour,
Pour rendre grâce à la nature.

ROSEVAL.

Mais, Madame, on devait au moins nous consulter.

LA BARONNE.

J'étais autorisé.

ROSEVAL

Madame, et moi ?

LA BARONNE.

La feux de vos regards me révèle un secret, et vous êtes sous mes pouvoirs dès les premiers instans.

ROSEVAL

mais je voudrais....

LA BARONNE, continuant.

en matière ? Eh bien, soit, j'y souscris; obtenir le pardon de Sidonie, elle est si satis- nous savoir époux.

ROSEVAL.

Elle Ah dieux

LA BARONNE.

bon pour elle ; il faut me le promettre.

ROSEVAL.

qu'on m'assassine, on me dit d'être bon   je le fus

LA BARONNE.

le serez encore.

ROSEVAL.

j'apperçois le piège où l'on veut que je tombe. On vous tromper, et je vais le prouver.

LA BARONNE.

Voyons, je vous écoute.

ROSEVAL.

Pour désiller vos yeux, il faudra m'accuser, j'en aurai le courage, et vous dirai mes torts.

LA BARONNE.

Je les connais, monsieur.

ROSEVAL.

Ah! vous les connaissez....!

LA BARONNE.

Vous le verrez bientôt; mais ceux de Sidonie il faut me les apprendre.

ROSEVAL.

Vous demandez les siens ? Elle est épouse.

LA BARONNE.

Oui, et sa joie est complète.

ROSEVAL.

Mais le nom du mari qu'elle vient de choisir, est-il bien Roseval ?

LA BARONNE.

J'en suis certaine.

ROSEVAL.

Quoi, l'on m'ose soutenir ? Madame, pardonnez, l'erreur, où contre ma volonté j'ai plongé vos esprits, l'amour, les créanciers, le destin qui toujours m'accabla de ses coups, un pouvoir inconnu que je n'ai pu combattre, m'ont seuls rendu coupable, et l'honneur me prescrit de rompre le silence ; mais Sidonie aussi a des aveux à faire ; elle prend un époux, et cet époux n'est pas celui qui l'adorait, celui qui l'aime encore malgré sa trahison ; indigne de pardon et plein de repentir, le chevalier de Roseval aurait-il pu recevoir la foi de cette femme qu'à regret j'accuse, quand rougissant de honte, et ne pouvant étouffer une passion qui fit les délices et le tourment de sa vie, il vient d'unir son sort. . . .

LA BARONNE.

Au mien, je le savais.

ROSEVAL.

O ciel ! qu'avez-vous dit !

LA BARONNE.

La vérité, Monsieur. Votre amour pour Sidonie, la ruse employée par vos créanciers pour obtenir leur payement, rien ne m'était inconnu, et j'avais résolu de vous punir, mais votre franchise, votre desir de soulager l'infortune supposée de cette femme, objet de votre constant souvenir, ont renversé mes projets : j'ai pensé que jeune, brillant d'avenir, et pouvant par votre naissance et vos talens parvenir à tout, vous auriez au moins de la reconnaissance pour celle qui vous ouvrirait le chemin de la gloire et des honneurs ; j'ai tourné contre vous-même les armes qui devaient servir à me tromper, et devenant votre épouse, j'ai obéi tout à la fois au plaisir de me venger et au desir de vous prouver ma tendresse.

ROSEVAL.

Quoi, Madame, vous auriez pour moi. . . ?

LA BARONNE.

Le plus doux sentiment, je n'en disconviens pas.

ROSEVAL, *à part.*

Suis-je assez malheureux !

LA BARONNE.

Air : *Ce magistrat irréprochable.*
Depuis l'instant qui nous engage
Mon bonheur me semble doublé,
Car si votre cœur fut volage,
Pour vous seul le mien a brûlé.
D'une félicité suprême
Il faudra prolonger le cours.
Aimez-moi comme je vous aime,
Ce sera m'aimer pour toujours.

ROSEVAL, *à part.*

Je ne survivrai pas à ce fatal hymen. (*Il tombe sur un fauteuil*).

LA BARONNE, *à part.*

Il se livre au chagrin, il faut le consoler.

ROSEVAL, *à part.*

Avoir été sa dupe, et perdre Sidonie!

LA BARONNE.

Sidonie est toujours l'objet de vos pensées, demain ce sera moi. Les talens qui jadis embellissaient ma vie, je les cultiverai, pour fixer vos desirs : quand Sidonie chantait, vous vous trouviez heureux, peut-être mes accents vous rappelleront les siens. Je chanterai souvent.

ROSEVAL, *à part.*

Elle a des qualités ; mais son âge et le mien.

LA BARONNE.

Dès ce soir j'essaierai, je crois pouvoir encore ; oui, j'en conçois l'espoir, vous me prendrez pour elle et m'aimerez un jour.

ROSEVAL, *à part.*

Laissons lui son erreur.

LA BARONNE.

J'ai de la voix ce soir.

Air : *Maris jaloux, vous avez tort.*

Maris trompeur venez chez nous,
On saura d'un fidèle époux
    Vous offrir le modèle ;
(*à Roseval.*) Mais Sidonie, en vérité,
    Mieux que moi jamais n'a chanté ;
Fermez les yeux (*bis.*) vous croirez que c'est elle.

Eh bien, qu'en dites-vous ?

ROSEVAL, *à part.*

J'éprouve en l'entendant un trouble plein de charmes !
(*Haut*) Vous chantez à ravir.

LA BARONNE.

Demain, ma voix sera peut-être moins tremblante ; aujourd'hui l'émotion, votre présence, notre union, l'heure avancée de la nuit.... Auriez-vous besoin de repos ?

ROSEVAL, *à part.*

Avec elle ! Eloignons cet instant redouté. (*Haut.*) Si je n'abusois point de votre complaisance, j'oserais reclamer un autre couplet.

LA BARONNE.

Vraiment ? Vous m'enchantez. (*Bas à Julie et à Gertrude qui sont entrées.*) Allons à ma toilette. (*Haut.*) Ma voix a déjà produit sur vous une impression favorable, et demain, de-

posant cet antique bonnet, je prétends adopter la coiffure
du jour.

ROSEVAL, à part.

Elle a perdu la tête.

LA BARONNE.

J'ôterai ces longs gants qui dérobent un bras que vous ap-
precierez.

ROSEVAL (à part).

Fort bien ! De l'amour propre ! Un long bras décharné que
je crois voir d'ici.

LA BARONNE.

Les plis de cette robe gâtent aussi ma taille., je la refor-
merai.

ROSEVAL.

Oh ! Madame, chantez. *(A part.)* Je me croirai près d'elle.

LA BARONNE.

Je vais vous obéir.

Même air.

Le tems n'a pas, époux railleur,
De mou teint fané la couleur,
Si ma glace est fidèle ;
Et Sidonie, en vérité,
Plus que moi n'eut pas de beauté ;
Tournez les yeux (bis.) et vous direz : c'est elle !

(Pendant cette scène, la Baronne, aidée de Julie et de Gertrude, a quitté ses
habits de vieille ; Olivier, suivi de Léonard, s'est également approché).

OLIVIER.

Tournez les yeux (bis,) et vous direz : c'est elle !

ROSEVAL.

N'est-ce point une illusion ? Sidonie ! la Baronne !

LA BARONNE.

Ne font qu'une pour vous aimer

ROSEVAL.

Ah ! je n'ai donc plus rien à désirer.

OLIVIER.

Partirai-je demain ?

ROSEVAL.

Non ; mais je resterai ton guide, ton ami. Je t'apprendrai
à briller dans le monde, à fuir les créanciers, vrai gibier de
potence ; à vaincre la douleur, à narguer le souci ; par moi
tu connaîtras les malices du sexe, ce qu'il faut pour lui plaire,
(il baise la main de la Baronne) et comme on doit l'aimer.

FIN.

www.ingramcontent.com/pod-product-compliance
Ingram Content Group UK Ltd.
Pitfield, Milton Keynes, MK11 3LW, UK
UKHW031758170726
13836UKWH00003B/1048